孩子可以“玩”着长大

陶　勇◎著

朝華出版社
BLOSSOM PRESS

图书在版编目（CIP）数据

孩子可以“玩”着长大 / 陶勇著. -- 北京：朝华出版社，2016.11
ISBN 978-7-5054-3837-8

Ⅰ. ①孩… Ⅱ. ①陶… Ⅲ. ①家庭教育 Ⅳ. ①G78

中国版本图书馆CIP数据核字（2016）第193175号

孩子可以“玩”着长大

作　　者　陶　勇
选题策划　博观世纪 | 史守贝
责任编辑　刘冰远
特约编辑　赵　曼
责任印制　张文东　陆竞赢
封面设计　红彬林文化

出版发行　朝华出版社
社　　址　北京市西城区百万庄大街24号　**邮政编码**　100037
订购电话　（010）68413840　68996050
传　　真　（010）88415258（发行部）
联系版权　443402818@qq.com
网　　址　http://zhcb.cipg.org.cn
印　　刷　北京玥实印刷有限公司
经　　销　全国新华书店
开　　本　710mm×1000mm　1/16　**字　　数**　180千字
印　　张　14
版　　次　2016年11月第1版　2016年11月第1次印刷
装　　别　平
书　　号　ISBN 978-7-5054-3837-8
定　　价　32.00元

不否定，只肯定，让孩子总是有路可循

拿到这本书的那天我不巧腰痛，卧床休养。本来应是无聊不快的时光，可是这本书让我忘了腰痛，一页又一页，一口气读完了。女儿燕宁见我如此入迷，也恨不得立即握卷在手，马上阅读。我相信每位读者都能从本书中学到珍贵的育儿技巧和知识。

我对本书的作者陶勇很熟悉，他一直在新浪博客笔耕不辍。他的文字亲和力强，流畅易读，这也是我愿意将此书推荐给各位新手爸妈的一个原因。书里用了大量实例告诉各位，不同场景、不同事件中应当怎样做才能保护好孩子的美好天性。

陶勇是一位有丰富经验的幼教工作者，他多年潜心于幼教事业，对幼教有着深刻透彻的见地，本书是他幼教实践的一个重要成果。

本书详细阐述了萨提亚在《新家庭如何塑造人》里讲到的四个方面——价值观、沟通、家庭系统规则、家庭与社会的联系，使得育儿有章可循，养育孩子顺心顺意。

童年虽短，却如同烙印，承载和影响着我们的终生。陶勇很清晰地认识到了这一点，他根据孩子的成长环节育儿，不说教，更不呵斥，而是用孩子最能接受的——游戏的、正向的、鼓励的方式，让孩子在成长中学习。作者的育儿原则是不否定，只肯定，让孩子总是有路可循。

难得的是，陶勇老师不仅将育儿看作工作和事业，还把幼教工作看作推动社会素质进步的基本力量。作为一位父亲，作者在繁忙的工作之余，坚持不懈地把自己通过研讨而得的幼教理念应用到自己的孩子身上，现身说法，真是一个懂孩子的好爸爸！在他的细心关注下，读者能欣喜地看到一个人见人爱的可爱孩子站立在眼前。随着阅读的深入，读者不难发现，书中孩子的变化也越来越明显，使得每位家长都希望养育出如小 Bob 一样可爱的孩子。

作者陶勇理解孩子的成长规律，他认为好的童年是玩出来的，而最好的玩伴莫过于爸妈。好爸妈应该是能和孩子一起游戏的爸妈。

在这本书里，我们能学到怎样用游戏的手段让孩子建立健康、乐观、善于自省的价值观，我们也能看到一个好爸爸是怎样举重若轻地引领孩子走向快乐健康的成长之路。他绝对不去做揠苗助长的事，而是遵循儿童的发展规律，以父母和孩子一起游戏、一起运动为方法，寓教于玩。

目前我国的学校教育争议很大，孩子从进入幼儿园起就要学习文化知识，脱离了大自然，脱离了社会，脱离了实践，孩子的大好光阴在抄写和死记硬背中流逝。本书作者所采用的育儿方法能有效规避这一弊病，让孩子乐于学习。

作者陶勇具有丰富的儿童心理学基础知识，对孩子的一举一动、一言一行，都能做出符合孩子心理的反应，这也是非常值得广大读者学习和参考的。

总之，本书能给新手爸妈提供好的指导和参考，相信各位都能从本书中获得大量方法和技巧。

刘维隽

新西兰儿童教育专家、作家

在“玩”中搭建学习进步的阶梯

Bob 2006年出生，大名叫陶思宇。后来他有了一个英文名字——Bob，他就请我们叫他“Bob先生”。

我是从Bob先生3岁的时候开始关注他的成长的。在此之前，我和大多数父亲一样，只是一个名义上的父亲而已，实际上并没有为孩子的成长真正做些什么，除了提供必要的生活物质保障。那个时候，孩子在我的眼里其实是一个麻烦的小人。与他出生之前相比，要多做很多事情，比如照顾他的起居饮食，要带着他到处去走走看看，而这完全打乱了我的生活规律，以及我一直醉心的编程工作（我认为这是我探索世界、体现自我价值的最重要的方式）。

如果仅仅如此也还罢了，更难以接受的是，他总会给我制造一些麻烦，比如把玩具丢得满屋都是，让我每天都要很辛苦地帮他收拾。他总是会把一些水洒在地上，或者把别人送给他的很贵的电动汽车轮胎给弄丢，等等。这些事情都会让我很恼火，但是却又无计可施。跟他讲道理，他似乎听懂了，但是一转眼又会重蹈覆辙。所以我就慢慢开始思考，这孩子这么顽皮，老给家里人添乱，是所有的小孩都这样呢还是仅仅他才如此？

带着很多疑惑，我就开始去了解儿童成长过程中会出现的问题。最初的时候，只是去看看论坛，后来根据论坛里一些妈妈的推荐读一些书。再后来，就是开始写育儿日志，把孩子生活中的一些事情描述出来，然后加上自己的思考和见解。在这个过程中，得到了很多家长和专家的一些支持和鼓励，比如新西兰儿童教育专家刘维隽女士、勤于思考的宋怀烈先生以及新浪博客的很多博友。

正是他们对我育儿思考的鼓励与支持，才让我从这个过程中收获了如此多的快乐和自我价值，乃至于现在我开始专职从事儿童教育与家庭教育研究与普及工作。可见，育儿真是一个让人快乐，让父母感受到价值，还能收获父母的成长与事业的美好事情。这对我的人生来说是一次巨大的改变。为什么我会这么说呢?

在此之前，我就是一个技术工作者，大家经常说的“程序猿”。我把绝大多数时间都用在了我所喜欢的事情上——在互联网上驰骋，在电脑前运指如飞地敲打代码。这不仅能给我带来生活的意义，还能给我带来可观的收入，这有什么不好的呢?

当然，现在情况有了极大的改观，比如我愿意花时间陪孩子玩，我愿意和家人一起去做一些看似无聊，实际却有重大意义的事情，看看电影、聊聊天、去一个地方消磨一下时光，等等。在此之前，让我做这些事情几无可能，因为我会用时间投入成本与实际可见的产出相对比，确认这样的事情毫无意义。现在我的看法是，这些看似毫无价值的事情，对儿童的成长，对家人的存在来说，无比的宝贵。因为它是一个生命对另外一个生命的关心与陪伴，它能给其他生命带来安全、温暖、爱甚至是活着的意义。

这么多年过去了，Bob 从一个幼儿园的小朋友成长为一个有主见，有追求的小伙子。他现在已经获得了他当下最大的成功，比如他是一个有理想的孩子，他未来想做一个了不起的老师业余时间玩音乐；比如他是一个有追求的孩子，他孜孜不倦地学习乐器演奏，甚至废寝忘食地在五线谱本上写出自己内心的乐曲；比如他是一个有规则的孩子，他虽然喜欢游戏和手机，但是他仍然能大体上自控，确保自己每周末半小时的游戏时间可控；比如他是一个能够努力去应对现实的孩子，他学习上也会遇到一些问题，但是他从来就没有放弃过，他愿意通过自己的一些努力去做好这些事情；比如他是一个有正向自我认同的孩子，他觉得自己写文章还不错是一个写作达人；比如他是一个有自知之明的孩子，他会在自我评价上客观地呈现自己的所有问题；比如他是一个对未来充满期待的孩子，他是一个热爱生活的孩子，他喜欢和我们一起看电影、听音乐、去远方骑行；他是一个喜欢学习的孩子，他上厕所和睡前都要读书、洗澡听故事……

生活中除了学习成绩，还有非常多的事情值得去追求，还有非常多的意义可以支撑我们快乐而努力地活着。这些现状，恰好是我对儿童成长意义的最好诠释。

做一个了不起的好爸爸，陪伴孩子快乐地“玩”着长大，确实是我一直在努力做的事情。这是我的自我价值所在，我的快乐源泉。这也恰好是本书所要传递的重要信息之一。

在生活中，我看到非常多的父母，花了很多精力和金钱，去给孩子报一些课外培训班，最后发现，真正学会的几乎没有。我还会发现，为孩子在课外班上付出更多的家庭，孩子有可能会变得更糟糕。比如，父母付出了巨大的时间、精力和巨额费用，却没有得到想要的结果，恼羞成怒，通过各种方式向孩子索取结果，甚至与孩子反目成仇。

要知道，孩子是一个永远变化的，具有独立心灵的个体，他们的成长可不是遵循“用红色墨水的钢笔写字一定会写出红字”这样的规律，而是受到个体遗传基因、家庭环境、社会环境、学校环境、交往环境等因素的影响。而我们以为很多正确的事情并不见得可以被简单复制和应用在生活中。

所以，我更推崇在实际生活中的教育，特别要洞察无形无色于生活细节中的教育机会。这样的机会仿佛正是为我们孩子的成长而设计。比如：在幼儿阶段我们和孩子一起通过游戏的方式去完成一些认知、规则、思维训练等方面的学习。比如孩子犯错误后，正好是让他们认识到“如此做的后果”，以及学习“如何做更好”的绝佳机会——因为你很难在大多数时候提前通过专门的教育、刻意的教育来灌输这种抽象的、孩子尚未认知到的问题。这样的过程，对于孩子来说并不是一种“教育”，而是一种自然而然，理所当然进行的学习过程。在这个过程中，没有批评指责，也没有对错的争论，更多的是集思广益和共同应对。我想，这就是大家所说的“无痕教育”，它并不让人感觉到教育的存在，因为没有一个人喜欢被别人教育。如果一旦意识到自己被教育，成长动机很容易转移，甚至出现负面的对抗。

当然，我所推崇在生活中的“无痕教育”，并不是因为如此我们才有机会或者更容易偷偷摸摸地教育孩子。所谓“无痕”只是它的特点，而不是我们培养孩子的手段。在我看来，让孩子尽早地掌握生活的基本技能，满足他们成长的基本需求，唤醒和激励他们生命中的潜能，这才是我们培养孩子的目标和正确的方向，也是孩子们成长的本能和内心的渴望。

在生活中进行无痕教育，最重要的方式是让这件事情显得有趣，看上去与学习和教育无关。一百五十年前的德国教育家福禄贝尔曾经提出“游戏即学习”。在本书的很多内容中，你都能察觉到这种理念的存在。比如，通过角色扮演游戏，让孩子有机会进入经典童话故事的世界；在路上玩“GPS 游戏”，训练孩子的语言思维能力；通过夸张的方式去学单词，孩子就不那么讨厌背诵英语单词了……如果我们正襟危坐，严肃而仔细地去教授这些知识，您能想象吗？这种所谓的学习是多么地让人难受，效率低下！

春去秋来，玩着玩着，孩子就长大了，他们的认知丰富了，他们的心智成熟了。这里的“玩”，对于孩子来说是游戏式的学习和成长，对父母来说是轻松地陪伴成长。当父母心中有目标、心态很轻松，就不会因为紧张和焦虑的心态而去做一些急功近利的事情，从而让孩子的成长迷失方向。本书忠实地记录了 Bob 先生成长中的一些故事，可以让我们从中领悟到孩子成长的秘密，这对每位家长来说，都是意义非凡的。本书从儿童教育的角度，生动记录了生活中的各类亲子活动实践，形式多样，范围广泛，可以获得如下的启发：丰富的见闻，游戏化的学习，学习的游戏化，兴趣培养，深度探究，突破学习瓶颈、学以致用等等。除了上述 7 种学习能力进步阶梯的构建方法之外，本书还阐述了如何从心理成长的角度来促进孩子自我教育能力和水平的发展。

目录

第一章　好父母，好孩子

几乎所有父母对孩子都有一些美好的期待，但是真正付诸有效行动的却不多。这并不代表父母缺乏奉献的精神，他们只是缺少正确的思路和方法。

第二章　孩子天生具有认知和创造力

孩子天生具备自我学习的意愿和能力。父母唯一需要做的事情就是创造适合孩子成长的环境，通过孩子喜闻乐见的方式唤醒和激发他们的潜能。

第三章　这样玩，练的是孩子的数理逻辑和空间建构能力

数理逻辑和空间建构是孩子抽象思维发展的最重要方面，也是很多重点学校录取学生都要考核的内容。更重要的是，它为未来的专业学习打好了基础。通过游戏的方式去构建，在生活中去激励，具有现实可操作性。

第四章　语言思维能力可以“玩”着提高

现在语言能力越来越重要，不仅对未来的生活和工作影响深远，在高考中所占据的比重也越来越大。在生活中帮助孩子发展语言思维能力是有章可循的。

第五章　在“玩”中窥见他们的小心思

自我意识觉醒与发展是孩子成长中的重要课题，也是“情商”的最重要组成部分。孩子很难通过一次简单的培训就能获得真正意义的成长，家长需要在多元的生活中发现契机，适时帮助孩子构建这种心理能力。

第六章　孩子的兴趣和品格不是一天形成的

每一个孩子都要有一项核心能力，这是他们应对未知世界挑战的基石，也是他们存在意义的重要体现。如何及时发现孩子的天赋，在家庭中创设环境并适时引导，把他们的兴趣变成他们的核心能力，这需要父母坚持用正确的方式做正确的事情，才能真正有效地帮助到他们。

第七章　懂爱的孩子最幸福

每一个人都需要被爱，每一个人都要具备爱的能力，只有如此他们才会感受到个人的价值和人生的幸福。如何去爱孩子，如何教会孩子去爱，是本章所要讨论的内容。

第八章　在游戏的世界中学习责任感

没有规则就会让孩子不断地去试错，没有规则孩子就无法确定行为的边界，从而经常性地犯同样的错误却得不到及时的改进。建立规则不仅能够帮助他们界定自己的行为，更能给予他们规则内的最大心灵自由。

第九章　生活给予孩子的安全感和价值感

安全感和价值感是每一个个体对现实生存意义的强烈感受，也是孩子应对未知挑战的坚实基础。在生活中构建孩子的安全感和价值感，是每一个父母都要学会的最有效的激励方式。

第一章

好父母，好孩子

几乎所有父母对孩子都有一些美好的期待，但是真正付诸有效行动的却不多。这并不代表父母缺乏奉献的精神，他们只是缺少正确的思路和方法。

被孩子需要感觉很幸福

导读：多陪孩子玩，孩子才会真正需要你的陪伴。

关键词：接送　聊天　认知　识物　幸福感　光盘学习　春天

Bob，大名陶思宇，但是自从他有了英文名“Bob”，便要求我们叫他“Bob 先生”。

今天一早起来，我跟 Bob 先生说要骑车送他去幼儿园。他在半梦半醒之间，发现妈妈已经不在床边，就闹着要妈妈送。我说：“那明天早上我再骑车送你好吧？”他很愉快地答应了。

今天下班后，我跟原来的同事吃了个饭，回到家已是晚上 10 点多了。推门进去，Bob 先生一下子从被窝里钻出来，说：“爸爸，我有点儿想你了。”孩子妈妈醒来了，也说：“他在等你呢！”

Bob 先生接着说：“明天早上你送我上幼儿园哦！”原来他一直想着这件事情呢，看来他是盼望着爸爸送他去！其实我知道他喜欢让我送他，因为一路上我们可以聊路灯、指示牌、过往的汽车，以及路边还没发芽的柳树，唱唱国歌、《我的祖国》等（我儿子从电视和光盘上学了很多的革命歌曲）。前段时间因为天气冷，他一直坐妈妈的汽车上班，所以最近渴望与我同行了。想到此，被孩子需要的那种幸福感油然而生。

后来，我打开了电脑准备工作。孩子问了一句："爸爸你怎么还不睡觉？"

我说："还有些工作需要完成。"

他接着说："以后我长大了是不是也要这样？"

我说："是啊，今天的工作一定要今天完成，这就是敬业精神。"

真的很感谢孩子，他总能给我机会，让我把一些态度传递给他。

Bob 爸有话说

在我看来，被孩子需要，是孩子给予父母的一种奖励，如同孩子的微笑是对父母正确照顾的认可一样。有的父母很苦恼，感觉孩子对自己不亲近，这可能是两种情况所致：一是父母陪伴孩子玩的时间太少，还没有形成依恋关系；二是父母对孩子的态度让孩子无法接受，如批评指责比较多，语言暴力、表情暴力，甚至行为暴力时有发生。

其实，学会爱孩子很简单，只要你好好陪他们玩，换着花样陪他们玩，用他们喜闻乐见的方式陪他们玩，不要轻易去批评他们就可以了。

［**爸妈再想想**］

经常陪伴才会让孩子更愿意和你玩。父母不把孩子说的话当回事，会产生什么样的后果呢？

换一种态度，孩子的未来迥然不同

导读：养孩子，父母就得把孩子当独立的人对待。父母既没有权利去控制他，也没有权利去恐吓他，只有义务去帮助他做好，用正常人应该拥有的态度去对待他。

关键词：一年级作业　起床　自觉自控　态度　关系　情绪　接纳

有个一年级的孩子，他每天早上都不想起床。他的妈妈总是会早起一会儿，梳洗完毕后就去叫孩子起床。一开始叫了几声，孩子没有反应，妈妈就去忙着准备早餐。过了10分钟，妈妈回来发现孩子还没有起床，就说：“快起床，再不起就迟到了！”

妈妈一看时间，恐怕是要晚了，就把孩子拉起来，赶紧把衣服给孩子穿上，一边穿一边唠叨：“叫你早点儿睡你不听，马上就要迟到了，说了多少遍也不听……”

同一个家庭，同一个孩子，还是孩子不想起床的问题。爸爸总是会早起一点儿，三下五除二把自己的事情搞定，然后看好时间，轻轻摇醒孩子，说："宝贝，早上好……"

有时候，这个孩子会睁不开眼睛，有时候会含糊地说一声"爸爸早上好"，然后倒头就睡。

爸爸在他耳边说："我有一个小秘密告诉你，再过 10 分钟你就要起床了，你可以再睡 10 分钟。"

爸爸去准备早餐，10 分钟后回到床边，把孩子抱起来，正式拥抱一下，告诉孩子他的衣服放在床边了。然后说了一句："希望你 15 分钟内穿好衣服、洗脸漱口完毕。"然后就去摆放早餐了。

10 分钟后，孩子坐到餐桌边开始吃早餐。

我再讲一件事情。

同一个家庭，每天孩子都不想写作业。妈妈也挺忙，一回家就叫孩子写作业，然后就忙自己的事情去了。过了一段时间，妈妈就在厨房里大声问孩子："作业做了没有?"起初孩子还会说："一会儿做。"有过几次这样的经历后，孩子懒得回答了，故意装作没听见，继续玩他的积木、画他的画。

妈妈就气急败坏地跑过来说："你马上把作业给我做了!"

孩子说："不做，我还想玩呢。"

这种话总会激怒妈妈："我告诉你，今天你不赶紧把作业做了，明天老师收作业，看你怎么办!"然后就摔门而去。

半小时后回来，一切照旧，后面我就不多说了……

同一个家庭，每天孩子都不想写作业，爸爸也挺忙，不过孩子回家后，爸爸不会让孩子马上写作业，而是说，你先玩 20 分钟，然后再写作业。孩子兴奋地跑去玩积木了。

10 分钟后，爸爸过来提醒孩子说："你还有 10 分钟的时间可以玩，然后就要写作业了。"10 分钟后，爸爸过去一看，孩子还在玩，就说："来，咱们该写作业了，请放下玩具。"

孩子说："爸爸，你先等等，我把这个楼房搭好就来。"

爸爸同意了。

爸爸等着孩子搭建好房子，牵着他的手离开了玩耍的地方，来到书桌前，问孩子：你打算先完成语文还是数学？孩子做了一个选择。

这个孩子就是 Bob 先生。

Bob 爸有话说

虽然孩子还是不能听见闹钟响就起床，还是不愿意回家就主动写作业，但是我相信，如果一直用爸爸的这种方法教育这个孩子，他迟早有一天会自觉地完成自己的功课，可能是出现在小学中年级、高年级，甚至是初中二年级。但早晚又有何妨？这种时候迟早会来！

如果妈妈继续用原有的方式带孩子，孩子会怎么发展？孩子仍然会贪玩，也会想办法逃过妈妈的训斥——当然，这只是小学阶段。初中后，孩子无须害怕妈妈了，可能会用语言反击、用行为反击，甚至是用过激行为来反击。当孩子长大以后，他又会如何对待自己的爱人和孩子？孩子身边的亲人的生存状态和幸福感会是怎样的？就算我不说，大家也能猜出来。

这就是态度的力量。

如果一定要给爸爸的态度赋予一些教育理念，可以这么去看这个问题：

（1）爸爸允许孩子先玩 20 分钟，这是满足孩子游戏的本能需求，尊重孩子的成长规律。

（2）爸爸提前 10 分钟提醒孩子，是让孩子有一个心理准备，不至于一下子面对不想面对的事情而发生冲突。

（3）时间到了，爸爸仍然同意孩子完成手中的工作，是尊重孩子的劳动成果，是对孩子无法做到马上放弃的宽容。

（4）爸爸最后牵着孩子到书桌边，请孩子选择先做什么，而不是反复说“现在你该做作业了”，更没有警告他要好好完成作业，这是给孩子选择的机会，同时不给他压力，避免孩子面临无谓的恐惧……

时间管理、选择的机会、尊重和宽容的态度、不传递生存的恐惧！我真的相信，这种教养方式比前文描述的妈妈的教养方式所产生的效果要好很多，孩子的心态、安全感、责任感、动机迁移都会发展得非常好。

说白了，养孩子，爸妈就得把孩子当独立的人对待，爸妈既没有权利去控制他，也没有权利去恐吓他，只有义务去帮助他做好，用正常人应该拥有的态度去对待他。

[**爸妈再想想**]

孩子先玩20分钟再写作业，有哪些好处？孩子小时候很多事情做不好，是常态还是变态？为什么会有很多事情做不好？不断的敦促、严厉的批评、经常的打骂，会给孩子带来什么样的心理创伤？它可能会如何影响孩子的学习动机？

糟糕的责任感污染家庭的情绪

导读：如果一件事情让我们做得很吃力，做得很辛苦，那么这件事情就成了生活的桎梏、情绪的污染源。

关键词：滑冰　责任感　照顾情绪　索取回报

有一天晚上和爱人一起带孩子去西单滑冰。这是第二次进入冰场，孩子有点儿进步，可以自己走几步了，我颇感欣慰，也表扬了孩子。下场的时候，发现旁边有个妈妈拿了好几个大包，里面有孩子的衣服、帽子、围巾、手套、各种各样的食品，还有一个暖水瓶给孩子装着热水。

我心里咯噔一下："糟了。"

什么糟了？这个妈妈无微不至的做法糟了。

妈妈准备很充分，各种物品齐备，按理说，我应该赞美一下这样的妈妈如此精心的准备，但是我认为事情糟了，所以赞美的话就没能说出口。

果然，没过多久，那位妈妈就开始发脾气，觉得她女儿太胆小，也不主动练习。她的这种态度很不好，既让孩子很难堪，也让自己的形象受损。

Bob爸有话说

带孩子去滑冰是一件好事情，也是一件有意义的事情，不仅能给孩子带来丰富的生活乐趣，对于父母来说也是一件让生活变得有意义的事情。如果我们把这件事情真的当成一件轻松有趣的事情来做，这有助于搞好亲子关系，给生活增加更多快乐。如果这件事情我们做得很吃力，做得很辛苦，这件事情就成了生活的桎梏、情绪的污染源。

如果做父母的修行不够，恐怕还会在生活的其他方面与孩子产生很多矛盾，家长对此应当有所反思。

据我观察，把日子过得太辛苦，不量力而行，只想到美好的结果却不明白做好事情需要一些前提的情况，真的不在少数。如果是我带孩子去滑冰，我就只带一个空袋子装孩子脱下的衣服，然后有两瓶矿泉水即可。我会很乐意经常带孩子去这样的场所，因为我出门不需要准备，也不需要背着大包小包就能把乐趣找回来。

既然说到这里，就再谈谈这种思维对孩子的影响吧。我发现，很多家长对孩子的教育行为容易受到别人的影响。发现别人家的小孩子在学什么、做什么，自己就有点儿坐不住了，也要让自己的孩子去试一下。学棋琴书画，背《唐诗》《弟子规》，学少儿英语……一个都不能少。最后我们可以从现实结果中观察到，真正坚持下来、取得成绩的却不多，很多孩子在这个过程中遭受了无尽的摧残。我这里说的还不是学习本身的摧残，而是因为父母的“责任感”，让孩子遭受了很多批评、威吓，孩子的才艺非但没有培养起来，自卑、无价值感却与日俱增。

要做成一件事情，并不是像励志书里面说的那样，只要咬紧牙关，头悬梁、锥刺股就能成功。在决定一件事情之前，可以先从如下几个方面思考。

（1）做这件事情的意义。

（2）做这件事情的货币成本和时间成本是否可以承受。

（3）你是享受这个过程，还是咬紧牙关去面对。

（4）如果遇到挫折，你将以什么心态面对。

（5）你是否有能力去帮助孩子管理好学习过程。

（6）你是否有能力帮助孩子坚持下来。

（7）面对意料之外的结果，你是否能坦然接受。

上面这 7 点，与孩子有关的资质、能力和性格因素极少，大多数都是与家长的心态和能力有关。如果你有一两项搞不定还可以尝试，如果超过三项，那么我还是奉劝你千万不要去“培养”孩子。那不是培养孩子，而是给自己添堵、找不痛快的源泉，只会积累更多的矛盾。与其做不到，不如不做，如此大家相安无事也甚好。

［**爸妈再想想**］

父母把所有的精力投放给孩子之后，会变本加厉地向孩子索取回报。这种行为会给父母带来哪些负面影响？给孩子带来哪些负面影响？

睡前的流程一个都不能少

导读：如果今天不去做对孩子成长有益的事情，那么未来可能天天都会有紧急的事情需要处理。

关键词：睡前故事　妈妈　诗歌　依恋　时间管理

每天晚上，Bob先生会按时上床，等待妈妈给他讲温暖的睡前故事。可是，妈妈经常有好多事情要做，常常让Bob先生等待……

有一天晚上，妈妈又是迟迟不过来，Bob先生躲在被窝里面说：“我要藏起来，让妈妈找不到我。如果她来了，你就跟她说‘你儿子走了，你再也找不到他了’……”

我就说：“好啊！一会儿你妈妈来了，我就说你走了。”然后我说要朗诵一首诗给他妈妈听：

如果你爱他
请给他打电话吧

不过他没有电话
所以你找不到他

如果你爱他
请给他写信吧
不过我们谁也不知道邮寄地址
所以你还是找不到他

如果你爱他
就赶快过来吧
他只是等不到你的出现
和一个温暖的拥抱
那时候，他自己就会回来啦
……

Bob 先生听完了，说：“爸爸，你再说一遍刚才你念的那首诗歌吧。”我又朗诵了一遍，这时候，他妈妈终于进来了，他并没有继续藏起来让妈妈找不到，而是扑过去要妈妈拥抱，并哭了起来……

Bob 爸有话说

什么事情是最重要的？如何按照事情的轻重缓急安排做事的顺序？这些问题的确值得天下父母思考。如果今天不去做对孩子成长有益的事情，那么未来天天都会有紧急的事情需要处理。

［**爸妈再想想**］

为什么晚上孩子更渴望妈妈在身边？睡前故事对于孩子来说意味着什么？

是否考级不是钱的问题

导读：成长需要进步的阶梯，没有一步一步的台阶，谁也上不去。

关键词：跆拳道　考级　决策

我们家附近以前有一所职业中学，闲置了几年，现在重新装修之后，变成了青少年科技馆。科技馆里面有一些培训班，Bob 先生在这里上过几天学前班，也在这里学习跆拳道。跆拳道是什么，我不太清楚，妈妈让 Bob 先生去参加了一次，他觉得有点儿意思，那就让他去学着玩玩吧。

今天，Bob 妈妈问我，要不要让孩子考跆拳道一级？因为要交 180 元，她觉得没有必要。一是觉得贵，二是听老师说交钱就让过，不就是换一根带子吗？

我说：“这不是 180 元钱的问题，也不是一根带子的问题。等孩子回来一起讨论一下考级有什么好处，不考有什么坏处，孩子希望考还是不希望考，为什么有这样的希望。”

我的看法是，重点不是考与不考，而是这个过程可以让孩子参与讨论，然后一起做决定，这个比考与不考的选择更重要。

不能单纯用钱去做决定，也不能单纯用结果与成本之间的关系去衡量。做决定之前，要尽量想明白你到底需要什么。

另外，我是支持考级的，因为考级是让孩子一步一个台阶进步的必由之路。如果没有考级，那么学起来就没有目标，没有阶段性的成就感！

Bob 爸有话说

在我看来，培养孩子的能力比当前的结果更重要；教会孩子思考的习惯比学会跆拳道更重要；成长需要进步的阶梯，没有一步步的台阶，谁也不可能一步登天。

［爸妈再想想］

我们追求的是目标，看重的应该是过程。孩子在学习的过程中遇到了什么问题？如何应对和解决？这才是成长的重要课题。如果没有目标，会有什么结果？考级是一种很好的成长阶梯。但是，在什么情况下，考级会变成一种摧残？

端午节吃粽子也能增加生活的智慧

导读：学会一件事情并不难，只要有机会去面对。好的经验多了，慢慢地就能举一反三，变成生活的智慧。

关键词：端午　粽子　经验　实践　选择

无论你是否在乎，每年都会经历一些节日。这不，端午节来了。

有一年，我们端午节当日的早餐是粽子加椰奶麦片粥。Bob 每剥开一张粽叶，就去洗一次手，他说黏，不舒服。我没有说什么，递给他白糖问他要不要，他要了。然后我拿起一个拆了线的粽子，拎着粽叶的一头，用筷子往下赶，粽子就轻松剥离了，手还干净。

我一边做一边讲要领，他觉得我很棒，承认自己好笨。

我说你不是笨，只是没有学过而已，我也是跟别人学的，才会有点儿经验，你有了经验后就能教你的孩子。他说，这算是祖传了。

后来他说，这个枣泥的粽子真难吃。我说，既然我们选择了这个粽子，无论好坏，只要对身体无害，就应该好好吃完，因为仅从粽子的外形上看确实无法进行选择。

Bob 爸有话说

生活即教育，希望 Bob 先生能学会做更多的事情，这样才能真正融会贯通，对自己更加满意。

[**爸妈再想想**]

我们正确地做事情，用正确的方式去沟通，并不是为了证明自己的正确和伟大，也不是为了证明别人的错误和愚蠢。在生活中让孩子学会基本的能力，让孩子接受现实，对未来的学习和生活意味着什么？

像一个孩子那样做，孩子才有希望

导读：什么样子才是我心目中充满活力的样子呢？那就是永无止境地探索、学习，对未来充满了期待，对成长满怀着憧憬。

关键词：乐趣　游戏　孩子的价值观　现实　希望

Bob 先生有很多小乐趣，每天渴望爸爸陪他玩各种游戏，如打架的游戏、角色扮演的游戏、搭积木的游戏。他也很盼望假期外出旅游，盼望可以少睡多玩，甚至还会盼望早上起来做早餐……

在我眼里，他就是一个真正的孩子，有着孩子般的幼稚和天真，有着孩子的想法和行为，有着孩子所拥有的梦想和希望。我真不想让他学太多东西，真不愿意把成人世界的价值观和想法强加给他，虽然我对他也会有一些要求和期望。

现实世界是多么的残酷，竟然期望孩子能够懂事，按成人自认为了不起的那套规矩去做，按已经丧失学习意愿的成人所期望的学习方式去学习成人认为更重要的事情……

无论如何，我相信孩子对未来有期望，他才会有真正的希望，现在如何并不重要。

Bob 爸有话说

虽然 Bob 先生并没有在各个方面表现出过人的能力，但是我仍然觉得他是一个充满活力的孩子。什么样子才是我心中充满活力的样子呢？那就是永无止境地探索、学习，对未来充满了期待，对成长满怀着憧憬。我们追求美好的结果，但追求的过程不会都是美好的。所以，在路上，一切都会显得行色匆匆，并不是处处都会繁花似锦。

[爸妈再想想]

为什么儿童会有那么多的想法、期望？为什么长大以后反而觉得很多事情无趣，没有意义？希望对于孩子的成长来说意味着什么？

学做一个听话的好爸爸

导读：成长的需求可能转瞬即逝，留住孩子的童年，留住美好的感觉，也是一种有深度的爱。

关键词：轨道　建构游戏　礼物　成长　延迟满足

孩子在不同的阶段会玩不同的游戏，喜欢不同的玩具。前段时间，Bob 先生花自己的钱买了两套火车轨道，开始痴迷于搭建各种路线。

有一天，他提出还想再买一些轨道，这样便于搭建更加宏伟的作品。

这时候，我脑子里面浮现出“延迟满足”这一概念。于是，我说：“可以啊，这个想法很有建设性，要不再等两个月我们就买下它？”

他说：“再等一段时间的话，我就长大了，或许就不喜欢玩这个了！”

我认为他说得很有道理，立马买下，作为圣诞礼物。

Bob 爸有话说

爱和溺爱，很多时候只有一步之遥。满足孩子过度的物质欲望，容易造成溺爱。不满足孩子必要的需求，容易造成缺爱。把握好这个度，确实是一种挑战。幸好，Bob 先生“再等一段时间我就长大了，不喜欢玩了”这句话帮我做了一个决定，就不再纠结度的问题。成长的需求可能转瞬即逝，留住孩子的童年，留住美好的感觉，也是一种有深度的爱。

[**爸妈再想想**]

不同阶段，孩子有不同的发展任务。做一个听话的好爸爸，才有可能养成一个听话的好孩子。是否孩子所有的需求都应该满足呢？

“倚老卖老”创造精心服务的机会

导读：对家人的精心照顾也是爱的表达方式之一，它应该是彼此之间都需要学会的好方法。

关键词：照顾　爱的表达　精心的服务

大多数时候，都是我和孩子妈妈来准备每日早上所需之物，没有让孩子做什么，毕竟我们做父母的自然要承担照顾孩子的事情。有一次，我感冒了，大脑昏昏沉沉，浑身难受，只好卧床休息。

当天是周末，孩子不用上学，我就请 Bob 先生把药和早餐端到床上，享受一下他提供的服务。我打定了主意，要“倚老卖老”一回，给他一次为我服务的机会！

他不仅照办，还找出了方便在床上吃饭的折叠小桌子放在我面前，让我感觉好用心、好有爱。特别令人感动的是，Bob 先生帮忙做着这些事情，没有讲什么条件，一切都理所当然。我喜欢这种感觉，这种做事情不需要理由，彼此都是互相理解和珍重，心甘情愿去做的感觉。即便他不做这些事情，我也不会有怨言，不会因为我平时经常照顾他，就向他索取回报。

并不是所有人都会这么想。在生活中，我经常看到一种情况，就是当孩子不按家长所期望的那样去做时，家长就会唠叨，给孩子贴上“白眼儿狼”的标签。比如，当家长开玩笑让孩子把他最喜欢吃的冰激凌分给自己吃一口的时候，孩子往往会基于种种理由而拒绝，家长这时候就会来上那么一句：“天天帮你做那么多事情，现在让你给我吃一口你都不干，真是养了一只白眼儿狼。”

这是一句善意的话，甚至充满了某种幽默。我相信这样说的人并不是真的想指责孩子。但是，遗憾的是，即便如此，孩子也被贴上了一个标签：我是一只白眼儿狼。白眼儿狼做什么事情，必然我就会做什么事情。最后这个孩子被一种强化的心理暗示所左右，既不相信自己的品格，也不会因此而有所改变，这是多么糟糕的结果啊。

Bob爸有话说

日常生活中，都是父母对孩子进行精心照顾。如果孩子习惯了被别人照顾，他们就有可能变成坐享其成的人。在需要的时候，父母也可以请孩子照顾一下自己，帮一下忙，这不但能让孩子学会面对真实的生活，还能让他们从中体验到自己对他人的重要性，从而获得价值感。同时，对家人的精心照顾也是爱的表达方式之一，这应该是彼此之间都需要学会的好方法。

[爸妈再想想]

让孩子学会照顾别人，承担责任，有条件要去做，没有条件也要创造条件去实践。如果孩子不愿意做，怎么办？

糟糕的“教育”这样分裂孩子

导读：他用一种非常不礼貌的方式教育孩子讲礼貌，让我感觉很崩溃。

关键词：跆拳道　尊重　暴力　分裂

在我家旁边有一个青少年科技馆，科技馆里面开办了一些兴趣课程，Bob先生就在里面学习跆拳道，授课地点就在科技馆四楼。有一天上午Bob先生有跆拳道的课程，快下课的时候，我溜达过去接他。

下课后，我正准备和他一起离开教室回家，这时他的教练看见了，喝了一声：“鞠躬了吗?”（教练要求他们看到父母要鞠躬）

Bob先生说：“哎呀，忘了！”

教练说：“下次再看到你不鞠躬，小心我揍你！”

Bob先生赶紧说：“下次一定记住！”

听到教练这么说，我也没说什么，对Bob说：“下次要记得哦!”然后就回家了。

我相信Bob先生下次见到我去接他，恐怕仍然不会对我鞠躬，因为我们的关系不需用鞠躬来表达。

Bob爸有话说

我对教练的做法是有一些看法的：他用一种非常不礼貌的方式去教育孩子要讲礼貌，这如同有些“问题孩子”的家长，用自以为是的“爱”去刺伤孩子，然后还要数落孩子不识好歹，不懂感恩。这样做会让孩子轻视我们所谓的“教导”，甚至会因此而玩世不恭。如果孩子真的认为我们说的“礼貌”很重要，却没有从中发现尊重的存在，我想这会导致孩子内心世界的分裂。

［**爸妈再想想**］

生活中确实有很多以爱的名义、以教育的名义去伤害孩子的自尊的事情。在我眼里，如果一些事情真的很有必要让孩子去做到，那也要用尊重的方式、孩子能接受的方式去实现。目的要面向未来，而当下是构建未来的过程。没有正确的过程，只是索要结果，真的能成功吗？

感叹生命真美，还那么漫长

导读：儿童天生就爱学习，天生就会寻找能够发展他们能力的机会去实践。保护孩子的成长天性，是父母需要面对的问题。

关键词：孩子成长　探索　拓展本能训练

在孩子上学的路上，他总是喜欢走一些坑坑洼洼的路，一些常人都不会去走的路。这让我思绪万千……

孩子为什么愿意走坎坷的路？

因为坎坷的路会训练他的行动能力，能够更好地适应各种环境。为什么孩子要去适应各种环境？因为未来的生活对于孩子来说充满了不确定性。孩子需要独立去尝试各种各样的事情来获得这种能力，这是生命张力的外在表现，这是活着的意义。

Bob 爸有话说

生活中，我们经常会看到一些家长反对孩子玩水、玩沙子，以及其他成人不能理解的事情。当然家长会有各种各样的“正确”理由，如会浪费时间、会把身上搞湿导致感冒、会把衣服弄得很脏等。这些想法，对于成人来说确实是要去关注的方面，但是对于孩子却根本不是问题，这些经历反而是他们成长的需要，是学习和探索的需要。

没有这样的经历，孩子很难发展自己的想象力、创造力和动手能力，他们甚至会变得懒于行动——我们可以在生活中看到一些这样的成人。这个世界对于他们来说已经没有什么意义了，没有什么事情值得去探索和追求。

[爸妈再想想]

孩子在成长过程中，会做一些父母认为没有意义的事情，或者对于现实学习来说没有什么帮助的事情。但这些事情却是孩子能力成长的重要组成部分。我们该如何去把握好成长所需与现实学习所需的平衡？

没有安排是最好的安排

导读：家长通常把自己的时间安排得太满，时刻围绕孩子转，却很难有机会让他们自己去发现内在需求。在一个匆忙而毫无闲暇时光的环境中，家长可能会失去成长的空间，失去了发现与内省的机会，最终会影响事业和个人的成长。

关键词：安排　周末　亲子共度

有时候，没有安排可能是最好的安排。

午餐后，Bob 先生吵着要去什么地方，要和谁玩。

我说：“我最喜欢下雨了，哪儿也不去。”

于是他磨磨蹭蹭，弹会儿琴，然后趴床上看他的美术鉴赏的书。

过了两小时后他闹着要去书店看书，我请他妈妈带他去，而我则继续为一本了不起的书画思维导图——这是我很乐意做的一件事情：把《从 0 到 1》这本书抽象出来，以便在任何时候都能迅速获得其精义，这也算是再读一遍，深刻领悟与理解其核心思想。

想想，像这样偶尔把时间留给自己，可以给自己更多的心灵自由和学习机会。

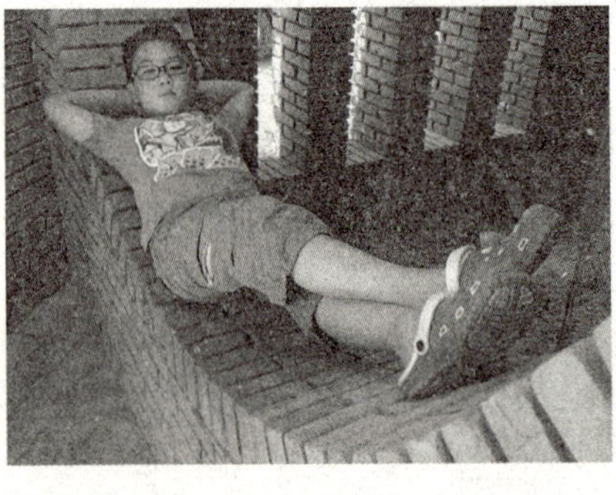

Bob 爸有话说

孩子的合理需求和符合孩子年龄特征的一些需求，最好能够满足，这是爱孩子的一种表现。但并不是要处处满足孩子的要求，父母应该根据自己的真实生活场景来安排适当的家庭生活。有时候，不刻意安排什么，让大家想想还有什么值得自己去做的事情，也是一种好的选择。

[**爸妈再想想**]

过于紧张的生活会让我们失去生命的活力，而闲暇的生活则可以为我们的生命加油。如果孩子闲暇之余无所事事、百无聊赖，该怎么办？

通过向孩子索取礼物来建立交情

导读：我希望通过这件事情，让他突然“梦醒”，发现原来自己所拥有的一切都与家人有关。

关键词：礼物　交情　朋友之道

我看上了 Bob 先生的一支 8 色圆珠笔，虽然我没有想清楚用来做什么。好像可以做的事情很多，如画思维导图，标注重点。但同时，我又觉得不用也能正常生活和工作。由此可见，我在物质上还是有一些贪欲的，远非自我标榜的那样，是孩子成长的楷模。

向 Bob 先生要 8 色圆珠笔，刚开始他不同意。我说：你长这么大都是我送礼物给你，你没送过礼物给我，太不讲交情了。于是他同意了，还送了一支可以擦掉笔迹的圆珠笔给我。

礼尚往来，朋友之道嘛。

Bob 爸有话说

在现实生活中，如果孩子想要的东西很容易得到，他们就很难去理解别人的需求，很难理解别人为自己付出的努力。我希望通过这件事情，让他突然“梦醒”，发现原来自己拥有的一切都来自父母和家人。他确实也应该满足一下父母的期望，即便是一支微不足道的圆珠笔。

［**爸妈再想想**］

向孩子索要礼物，重要的不是礼物本身，而是让他意识到彼此过往的付出，让孩子愿意采纳合情合理的要求，这就是成长教育。如果孩子不愿意礼尚往来，父母该怎么办？

打闹游戏竟然是成长的必需

导读：每一个男孩都需要通过打闹争斗来发展自己的能力和勇气，但在现实生活中如果这样做，就会被定义为“坏孩子”，所以我很无奈地陪着孩子“打架”。

关键词：打闹　玩伴　孤独　男孩本能训练

Bob 先生经常邀请我和他玩打仗的游戏，谁被打下床就算输一次。当然，大多数时候他都会输。

现在的小孩想来真是可怜，我小时候可以和小伙伴玩对打、摔跤、打泥巴仗的游戏，以及用木棍做的宝剑厮杀。这是男孩为生存而做的能力准备，是一种本能。

而在现代生活巨变，学校和家庭更需要听话、不乱动的孩子，不再需要这样的本能训练，想起来实在是有些遗憾。

Bob 爸有话说

受环境所限，孩子在成长过程中会有很多心理需求的缺失。父母更应关注孩子成长的心理需求，通过环境的创造设法来满足孩子成长所需。当孩子的心理需求得到合理的满足，他们的其他能力才能真正地有效发展。陪孩子玩，陪孩子打闹，就是我力所能及的做法。

[爸妈再想想]

很多男孩子在小时候备受指责和伤害，都源自本能的需求与现实世界需求（主要是学校的要求和主流社会对“好孩子”的评价）的错位。如何满足孩子成长的本能，却又尽量让他们在现实世界获得足够的尊重，这是所有父母都应该重视的事情。遇到孩子的本能行为（活泼好动，喜欢探索）受到学校老师的指责与伤害时，父母应该怎么做?

我祝“未来的好爸爸”父亲节快乐

导读：现在我面对的是一个将对这个世界产生扰动的有机生命。我的孩子对未来是什么态度，他将如何构建他的态度，对我来说越来越重要。

关键词：父亲节问候　练摊　自由支配聊天

每逢双休日，如果没有特殊安排，我们都能睡到自然醒。今天父亲节，我们睡到8点多钟才各自醒来。如果不是星期日，总会有很多理由让我们必须在闹钟的惊扰中醒来，然后极不情愿地翻身起床，继续做那些必须完成的事情。

醒来后，Bob先生赖在床上不想起来。我在他的耳边说了一句话："未来的父亲，父亲节快乐！"他便睁开了双眼跟我说："父亲节快乐！"这样的事情，其实我们每天都在重复。睡觉前，我会说"晚安。"而他会分别跟我和他妈妈说："爸爸晚安，妈妈晚安。"早上呢，我会说："早上好！"如果他醒着，肯定会说："爸爸早上好，妈妈早上好。"

有一天上午，我和Bob先生出门去摆摊儿卖东西。那是我们第二次出去卖东西，离第一次已经有两三个星期了。那天比较热，阳光火辣辣的，路人行色匆匆，与上次相比，客人少了很多。因为天气、时间的缘故，那天上午只卖掉两件物品，赚了几块钱，Bob先生也是满头大汗，喝了好多水。

当时看他表现出沮丧的样子，我就跟他说，我们今天在这里待两小时，希望能够多卖一些东西。不过我们今天选的时间和地方不是很好，或许因为太热，小朋友不太愿意出来，我们下次还是选在傍晚出来吧。

12 点我们收摊了，我对 Bob 先生说，你可以用自己赚的钱去买一根你喜欢的冰棍儿。他选了一根杧果口味的冰棍儿，打算一边吃一边走回家。我说，要不咱们吃完再走吧？其实我是觉得既然孩子喜欢吃冰棍儿，我平时也没有怎么满足他，那就静下来好好享受吧，不必把事情搞得那么匆忙。

中午，我喝了一瓶啤酒，他喝了一瓶养乐多。我不断地跟他干杯，祝他这个未来的父亲节日快乐。他说："我祝你这个未来的爷爷父亲节快乐。"这让我想起平时的生活中，我跟他一起玩耍，或者做什么事情的时候，我喜欢问他："你以后会不会陪自己的孩子去做这样的事情？"他一般都会说："当然了。"

吃饭的时候我们聊天，我希望他以后自己养育孩子，我是不大会帮他带孩子的。他就问："如果我有工作没有做完，你能不能去接他放学？"我说："当然，如果必须让我帮忙的事情，我肯定会帮忙。"

他又问了很多很多假设的问题，如："我要收拾自己的屋子，你会不会帮我看看孩子？"我就说："不行，你要自己安排好时间，更重要的是，你不要随意把屋子弄乱了，然后花很多时间来整理。"

吃完饭后，他玩了一会儿，我陪他听一会儿故事，然后睡觉。最近一段时间，他一直在听《窗边的小豆豆》，我会跟他聊一些细节，如小豆豆为什么喜欢看宣传艺人的表演，为什么别人走了之后她还在窗前等待，妈妈的态度意味着什么，等等。

Bob 爸有话说

以前，父亲节对我来说只是一个标志。现在，父亲节对我来说，则是一个很好的思考时机。以前，我面对的是孩子，现在我面对的是一个未来将对这个世界产生扰动的有机生命。

我的孩子对未来是什么态度，他将如何构建他的态度，对我来说越来越重要。

或许我不能把他培养得很好，但是至少不要搞糟，所以，生活的每一个细节都要小心对待，仔细观察，用心思考，不要用我的无知造就他的无知，不要用我的片面和偏激让他未来的生活变得糟糕，这才是我作为一个父亲最重要的事情。至于他吃得好不好，穿得是不是体面，身体长得好不好，对我来说这都是相对简单的问题。只要他的能力高了，见识广了，态度好了，所有应该拥有的东西必然会如期而至。所以，我不能把物质生活水平的提高当成生活的主要追求。

［**爸妈再想想**］

让孩子开始思考自己未来的角色，是一种了不起的生活教育。一个好父亲能够给予孩子哪些方面的帮助呢？互道晚安，能给孩子带来哪些内心的感受？

我深信他总有一天会吃菜

导读：孩子的现状是总有缺憾，如同生活本身。我们可以关注问题本身，但我并不认为所有问题都需要解决，或者说并不需要马上解决。

关键词：午餐　蔬菜　偏食　信任

大多数时候，我家周末的午餐都是Bob先生的妈妈来做，不过也有例外，比如有一天由我来操刀：鸡蛋炒河粉、糯米白粥、芥末木耳和凉拌手撕包菜以及水果沙拉，可以做出一顿很不错的午餐。更重要的是，我可以决定做什么、如何做，这是一种多么了不起的梦想实现过程的缩影啊！

Bob先生还是一如既往地喜欢喝白粥，对我炒的河粉有所褒奖。蔬菜自然还是不喜欢吃，对此我一点儿也不着急，也几乎不给他什么忠告。因为我相信他总有一天会吃菜的！

我的想法和做法与家里其他人的一点儿也不一样，因为我不会强调什么蔬菜有营养，也不会强迫他一定要吃多少蔬菜。我相信孩子的自我感觉，同时认为尊重孩子的选择，比“用不尊重的态度去体现为孩子好”的行为更人道。

Bob爸有话说

在生活中，我总是能看到有些家长不断地敦促孩子吃菜，甚至主动把菜夹到孩子的饭碗里。这会产生以下几种非常糟糕的结果：

（1）孩子不断地被敦促，变得心神不宁，很难从容应对现实世界。

（2）孩子被逼迫吃菜，获得的是维生素，失去的是选择的权力和自我感受的被尊重。

（3）孩子被迫学会了功利的选择，而非遵从美好的选择。比如，吃菜是因为它很重要，而不是生活有了多元的选择会更美好……

孩子的现状总是有缺憾，如同生活本身。我们可以关注问题本身，但我并不认为所有问题都需要解决，或者说并不需要马上解决。

真正需要解决的是我们内心的恐惧和担心——我们所恐惧的事情除了道听途说之外，它真的会发生吗？即便真的会发生，我们仅仅恐惧就能解决问题吗？我们的行动是否真正有助于问题解决？现在是最佳解决时机吗？

比如，很多家长喜欢敦促孩子喝水，甚至不断地把水递到孩子手上，让孩子专注的工作（学习是孩子最重要的工作）被迫打断。同时不断地灌输不按时喝水会生病，生了病好不了，等等。我想家长应该仔细思考以下几个问题：

（1）孩子没有饥渴的感觉吗？如果没有渴了要喝水的主动行为，人类是否早就被自然淘汰了？

（2）孩子本来在专注地学习，却不断被催促和打扰，未来他们做任何事情就更容易变得心神不宁，你是否会放弃对他专注学习的要求？

（3）不按时喝水一定会生病吗？生了病不按你所规定的方式喝水一定好不了吗？

至少我并不认为事情会有想象的那么糟，至少我相信自己的常识和判断，无论别人怎么说，专家的意见和网上疯传的看法只是我的参考。

［**爸妈再想想**］

成长的路上应该分秒必争还是适时成长？如果不强迫孩子吃蔬菜，可以用什么办法来确保维生素的正常摄入？如何让孩子逐渐开始愿意吃蔬菜？

第二章

孩子天生具有认知和创造力

孩子天生具备自我学习的意愿和能力。父母唯一需要做的事情就是创造适合孩子成长的环境，通过孩子喜闻乐见的方式唤醒和激发他们的潜能。

懒爸爸勤玩的三个亲子思维游戏

导读：游戏是亲子间的美好时光，是孩子认知成长的绝佳方式。

关键词：学习　游戏　陪伴　双职工　语言　思维　快乐

Bob 先生总有自己要做的事情，如搭积木、扔东西、翻箱倒柜等。虽然他总是乐此不疲，但是我还是觉得他好可怜：父母工作忙，晚上回家有时候还要忙家务，他只好一个人在那里摆弄自己的玩具。等父母忙完家务后，才有时间一起玩，这是双职工家庭的一种常态。对于我来说，还遇到一个问题，就是经常性地陪孩子玩一些幼稚的游戏，玩一些我觉得没有什么兴趣的游戏，还要在孩子面前表现出欢乐的态度，的确有点儿累。虽然我一再告诉自己，你应该感到由衷的快乐，要有喜悦心。

基于这种对自己的美好要求，我总是在想一些既能够让孩子感觉到“咱们是在一起玩”，而且还有趣的游戏。从这一点来看，我真是一个勤劳的懒爸爸！

对，我喜欢这个评价，无论如何，这个名字显得有点儿与众不同。

猜物品游戏

我通常懒得动弹或者躺在床上的时候，会跟儿子玩这个猜物品的游戏。

“有一个东西，是你在洗澡时要穿的，一般你会同时穿两只，还分左右。”

“是拖鞋！”儿子兴奋地回答。

“每天早上起来后你会用的一种东西，而且每一个人都有自己专用的。”

“是牙刷！”他又回答正确了。

Bob 先生几乎每次都能立即报出答案。有时候我会让他考我，不过，他似乎总是在考我同样的几种东西，都是他喜欢的玩具。而我有时候会故意答错，让他兴奋地告诉我正确答案。

这种感觉真是不错啊！

语言打仗的游戏

晚上睡觉前，我很想让 Bob 先生躺在我的臂弯里，做小鸟依人状。可他却一点儿也不了解我的想法，每当我说“宝贝，过来躺爸爸身边”时，他总是会断然拒绝，说他想跟妈妈在一起。于是，我就会使出我的终极武器：“咱们玩打敌人的游戏吧。”

“我骑着高头大马，拿着大刀，呼啸着向你冲杀过来……”我在扮演敌人呢。

“我在前面挖一个坑，你还没过来就掉坑里了。”这是 Bob 先生通常的做法。

“那我开着装甲车向你冲过来，绕过那个坑了……”我自然有更多的对策。

“我把你的装甲车的汽油放了，看你怎么开！”他不甘示弱。

……

拔萝卜游戏

有时候，晚上 Bob 先生洗漱完上床后，我会跟他玩拔萝卜的游戏。他用被子裹着自己的身子，然后弓着身子蜷在床上当萝卜。我就开始扮演老爷爷，唱着《拔萝卜》的歌，开始拔他。

“拔萝卜，拔萝卜。嗨哟嗨哟拔萝卜，嗨哟嗨哟拔不动。”

“老太婆，快快来，快来帮我们拔萝卜。”

这时候孩子妈妈不高兴了，说她不是老太婆。然后我就继续唱：

“拔萝卜，拔萝卜。嗨哟嗨哟拔萝卜，嗨哟嗨哟拔不动，小姑娘，快快来，快来帮我们拔萝卜。”

然后“小姑娘”过来一起拔了。

“拔萝卜，拔萝卜。嗨哟嗨哟拔萝卜，嗨哟嗨哟拔不动，小黄狗，快快来，快来帮我们拔萝卜。拔萝卜，拔萝卜。嗨哟嗨哟拔萝卜，嗨哟嗨哟拔不动，小花猫，快快来，快来帮我们拔萝卜。”

我故意拔不出来，Bob 先生就急了，说：“你怎么还拔不出来？要加油啊！”

……

Bob 爸有话说

好的游戏无处不有，孩子学习的场所无处不在。只要你勤于动脑，一定会找到孩子喜欢、父母也觉得有趣的活动。在这个过程中，你不仅能收获孩子对你深深的信赖，还能帮助孩子发展他们的洞察力、行动力、思维力、语言表达能力，以及对规则的遵守意愿，正如德国教育家福禄贝尔所说：游戏即学习。

[**爸妈再想想**]

游戏不应只是简单地照搬，根据生活中的实际情况进行创造性的改变，这样会更有趣，也更有意义。对于一个 4 岁的孩子来说，电动玩具汽车与爸爸相比，谁更具有吸引力？为什么？

出行途中的精彩期待

导读：在生活中孩子成长所必需的经历，不能因为手足口病的流行而有所改变，也不能因为害怕意外伤害而有所改变。我唯一能做的，只是小心一点儿而已，而不是放弃远方和目的地。

关键词：出行　车站　旅程　期盼

Bob 先生的爷爷奶奶在燕郊住过很长一段时间。燕郊属于河北省，距离天安门 30 多公里，感觉不是太远。有很多北漂一族白天到北京上班，晚上回燕郊居住。在一个星期六，我带 Bob 先生去看望爷爷奶奶。进入地铁站后，他站在站台中间磨蹭着，不敢到边上等车。列车进站后，他才跟我说地铁虽然动静大一点儿，但也没那么可怕，就顺利登车了。

原来，地铁的动静也没什么可怕的！不过，这需要你站在地铁车站里才能体会到。

车上人很多，各种各样的人，行色匆匆，面带倦意。但是Bob先生一点儿都没这种感觉，他兴奋地冲到车里另外一个车门边，饶有兴趣地看起广告来。旁边有两个人想让座，我们婉言谢绝了，然后自顾自地在车门边欣赏起广告来。

每到一站，他都期待能够停在一个有汽车图案的广告牌前。可惜的是，人生不如意事常有，我们的车厢不是停在化妆品广告牌前，就是停在王老吉的广告牌前，最讨厌的是有时候会停在一块写着“请勿扔垃圾”的白底红字的标语牌前。不过，每次我们都能很快乐地说：“太遗憾了，我们差一点儿就停在了汽车广告牌前面！”然后又开始憧憬下一站的可能。

这是一个很有意思的过程。我们不但要欣赏眼前的广告，还要快乐地预测下一站的可能。生活难道不就是这个样子的吗？哪怕眼前所见所得并不如意，我们仍然可以欣然接受并期待未来。

后来，地铁终于停在了汽车广告牌前。这是一件值得高兴的事情，即使只有20秒就结束了。但是，这20秒足以让我们坚持了很长时间！我们就是这样在不知不觉中愉快地到达了目的地。

Bob爸有话说

每一次出行，我们总能看到不同的风景，看到不同的人，听到不同的声音，感受充满这个世界的不确定性和纷呈的精彩。如果我们因为某种不确定性而犹豫不前，那么我们的内心早已溃败。所以，最好的选择是：从容地面对它，做正确的事情，只要坚持，期望的目标总能达到。

［**爸妈再想想**］

路上的风景会给旅途带来什么意义？如果人生的列车并未停在期望的“广告牌”前面，这对于孩子的成长来说意味着什么？

路途上的认知学习

导读：我陪伴他的每一分钟都是快乐的，有意义的。

关键词：路上　亲子游戏　TOM猫　语言模仿　认知　创想　加减

一般来说，我出行都是骑电动车，感觉方便、惬意，远比乘坐小汽车更让人舒心。如果有Bob先生同行，这一路就是我们亲子学习和交流的最佳时间。

我是TOM猫——语言模仿游戏

有一段时间比较流行一个手机游戏“会说话的TOM猫”。这个游戏可玩度并不高，但是这只猫会讲话，就像复读机一样，你说什么它就说什么。

在路上我是不会同意Bob先生玩手机的，但是会和他一起模仿玩手机里的这个游戏。比如，我说什么，Bob先生就重复什么，他总是乐此不疲。既然这个游戏的玩法就是重复所说的话，那么我可以说一些我想说的话来让他重复。

因此，经过几次训练，一些复杂的句子Bob先生也可以讲清楚了。

虽然目前他还不能自主地去说一些比较复杂的语言，但是至少他能复述得很清楚。

创想物品——生活认知游戏

我让他讲出 6 种红色的物体，或者 8 种树的名字。讲出 8 个就加 80 分。那么讲出 12 个呢？他也就知道加 120 分了。

这个游戏，有物品分类归纳的概念，有洞察力与记忆力的训练，有潜在的数字统计规律的认知等意义。

生活中的数学——加减法游戏

我会很搞笑地说：“请听题，一辆红色小汽车后面跟着两辆黑色小汽车，一共有几辆小汽车？”

最初他会去数手指，我跟他讲，任何数加 2，就是这个数往后面数两个数。依此规律，他竟然可以从 1 到 99 都可以计算“+2”的玩法了。“+2”之后当然是“+3”，以此类推，我希望用这个游戏完成 10 以内的加减法的学习。

Bob 爸有话说

其实，不管我和 Bob 先生玩什么游戏，无论这个游戏的可玩度有多高，他和我的感情日益增加倒是真的，遇到一般事情他都会先来找我了。吃冰激凌或饼干时，我总会要求我先吃。最初他还不肯，舍不得，后来我就对他说：“你应该分一些给我吃啊，我是你爸爸”。现在感情深了，他开始同意先请我吃，然后他再吃。

有时候，他还会主动把食物分成几份，一人一份。很显然我这种“霸道”的教导起到了一些作用。在幼儿阶段给孩子定下规矩，立下合理的要求，帮他形成习惯，以后一切都会变得自然而然。

孩子的世界里，不仅仅有我，还有其他家人，幼儿园、培训班的老师、同学，亲戚，朋友。我不能改变所有的场景和他人对孩子的影响，但我可以多陪伴他，我努力做到陪伴他的每一分钟都是快乐的，是有意义的。

［**爸妈再想想**］

请孩子说出 6 种不同的红色物体，可以帮助孩子提升思考、观察、联系、场景记忆等方面的能力。受此启发，你还能想到类似的口头游戏吗？

“骑行俱乐部”的创业构想

导读：今天我们播种下一粒成长的种子，说不定哪天它就发芽了。

关键词：骑行　创业　创想　规划　设计　俱乐部

自从我们有了第一次长途骑行的经历之后，我和 Bob 先生就经常骑车出行。今天有风，但我还是跟 Bob 先生骑车去幼儿园了。回来的路上，他一直在跟我说一件事情，他要我建立一个骑行俱乐部。大致情况如下：

· 我建立一个北京小学生骑行俱乐部，找一间房子，请他姥爷去装一些木头架子，挂上俱乐部的牌子。还问我能不能自己搞定？

· 需要做 4 面旗帜，在举办活动的时候使用。

·要定制专用的衣服，不需要裤子。他还询问是否可以找到最快定做衣服的地方，5天内能不能做出来。

·开一个自行车装备店，他在前台接待顾客。还让我多准备一些车子，如果有人想参加活动，可以借给他们……

·要印刷一万份传单，找艺人和家长去帮我们宣传。还问每次活动收费500元贵不贵？

·他要我今晚就打印一些宣传单让他看看……

·还有好多细节……

Bob爸有话说

他的这些想法令我震惊！当时他才6岁多，竟然能想到这么多事情。当然很多东西源自他的所见所闻，比如这个骑行俱乐部的想法，源自上次参加孙宗文先生组织的黄河入海口骑行活动；装备店的事情，源自他去自行车店购车的经历；宣传艺人，源自《窗边的小豆豆》这本书；派发传单，源自我曾经让他跟我一起去发宣传单、赠送小礼品的经历；收费的问题，源自我们曾经一起去练过摊……

我不知道他以后会怎么样，显然他所有的想法，这些想法都来自他所经历的生活。

［爸妈再想想］

骑行俱乐部的畅想源自什么样的生活体验？要做成这件事情，需要孩子具备哪些能力？

偷师学艺做出调料齐备的早餐

导读：要想让孩子对未来有憧憬，就应想办法让孩子热爱当下的生活！

关键词：早餐 能力 生活技能

下图是某日 Bob 先生给我们准备的早餐，各种调料齐备，这孩子想得真周到！

我想，这恐怕得益于他妈妈在日常生活中的行为的自然传递——Bob 先生的妈妈是一个在饮食生活方面有一些讲究的人，哪怕是喝粥就饼，也需要配两三个精致的凉菜。如果是我，有一包榨菜就可以了，哪需要做得这么复杂。

从表面上看，我是一个讲究实际、节俭生活的好男人，其实是一个没有品味的人。这与家境关系不大，关键是对自己的生活品级定位。正如一贫如洗的家庭，也是可以窗明几净的，一杯香茗、一本好书相伴即可度过一个美好的下午。

Bob 先生做的早餐中鸡蛋三明治抹了芥末酱和番茄酱。

Bob 先生在准备早餐时遇到几个问题：

（1）如何开燃气。

（2）什么时候要调节火力。

（3）煎鸡蛋的流程是怎样的。

（4）面包片如何对折。

生活中的简单技能，如果孩子不太熟悉，就不必让他动脑筋了，直接告知如何做，以及为何如此做。

Bob 爸有话说

生活是由千百种有意义的事情组成的，而不仅仅是由与学习有关的事情组成。孩子能够在生活中细心思考，实践自己的认知，这种过程就是最好的成长，这种状态就是当下最佳的状态。要想让孩子对未来有憧憬，就应想办法让孩子热爱当下的生活！

让孩子愿意去做一些有益的事情、应该做的事情，远比能做到什么程度更重要。把他做的事情记录下来，只是为了记录成长，为了给他的行为点一个赞，这也算是成长过程中的一种激励吧。

[爸妈再想想]

父母能够在生活中发现孩子的变化和进步，为他们各方面的成长而喝彩，对于孩子的内心来说至关重要。那么孩子在做事情的过程中，父母是否应该及时指出他们还需要改进的方面？

让孩子去实践一些生活中必须做的事情，不仅能够帮助孩子提升行动力，还能帮助孩子获得在家庭中的价值感。如何让孩子愿意去做这些事情呢？

旅途是一所移动的好学校

导读：有时候我们的确无法抽象地感受生活的纷繁复杂，无法预想路途中可能遇到的问题，因为缺乏解决这些问题的经验。而行万里路不仅给了我们这些体验，而且远远不止这些。

关键词：天路　自驾　就餐　住宿　堵车　意外

有一篇文章《中国的 66 号公路》曾经在微信上疯传，导致我也跟随潮流，带着家人走了一趟草原天路。

第一天，沿着 109 国道走，路走走停停，甚为惬意。午饭在路边的农家饭馆解决，晚上下榻在预订的张家口的一家宾馆。在宾馆附近我用地图软件搜索附近的餐厅，发现宾馆对面的一家饭店很不错，结果人太多，已经不发排队的号了。于是我们去了附近另外一家餐厅，吃得相当满意，里面的奶茶、自制酸奶、焖丁、铁板羊肉和果木烤羊排都很有特色，价格也相当合理。

第二天一早，再往北进入草原天路，遭遇堵车，原因是大家刚到天路就发现无数的风力发电机和草原天色，都停车观光。X001 县道（草原天路）是标准双车道，路窄坡陡，很容易被阻塞。加上有很多司机看见堵车就违章通过逆行道向前开，导致正常行驶的车辆受阻后又不断地倒车、加塞，给正常行驶的车辆让路，结果 12 点多车子才真正跑起一点儿速度来。此时才走完天路 1/4 的路程。

走走停停，继续前行，最后走到天路 2/3 的路程时，遭遇大堵车，情况不明，一直到天黑才基本畅通。

实在是堵难受了，Bob 先生开始有点儿焦躁不安，我就请他祈祷一下：希望半小时后能顺利通行。

结果，过了约半小时，道路真的基本畅通了。

晚上到达崇礼县，由于之前没有确定好到底是去崇礼还是去赤城，所以临时去崇礼导致找不到下榻的酒店。可以想象一下，当天路上至少有上万辆车前往东线，而离东线入口最近的就是崇礼县，一个发展中的县城怎么可能承载这么大流量的旅客？

我们进了二三十家宾馆、酒店，都是客满，Bob 先生开始有点儿担心当晚是否能够找到住的地方。我安慰他，与其担心，不如祈祷吧，一定会见效的。

最后，我们找到了一个家庭旅馆，是一套很新的住宅，有 4 个房间，我们租用了其中 3 个，每一间房才 80 元。而就在它隔壁，另外一个家庭旅馆，一个房间要价 500 元。Bob 先生和大家都觉得挺满意，当然这种满意是和露宿街头相比而言的。

第三天一早，我们重返桦皮岭（草原天路东入口），主要是因为头天晚上堵车导致天黑才畅通，所以没有看到剩余的景色。没有想到，因为起得太早，整个桦皮岭上浓雾弥漫，寒风瑟瑟，只好放弃继续前进而转道回北京。刚出东入口的地方，发现一片松林，甚为壮观，就登上高处，远观群山，还采摘了很多蘑菇！

我们或许是运气还不错！我想说，与其担心不如祈祷，让我们能够更专心地面对当下的事情，而不至于让焦虑蔓延，让别人花费精力来安抚我们。只有这样，同样一成不变的事情才会更容易面对。

Bob 爸有话说

这次旅行，Bob 先生有如下收获：

（1）快乐假期，见闻丰富。见到了壮观的风力发电机群，以及在山顶上蜿蜒穿行的天路（天路就是在山顶上的路，离天很近，几乎能抓到云彩），甚至还爬上松林处的高地，远观群山，采摘了蘑菇，见识到深秋森林之巅的寒风萧瑟和松枝冰霜……

（2）经历丰富。经历了看美景、尝美食、骑行、寻找餐厅、寻找酒店，住在不同风格和档次的酒店，吃了不同风格的食物。

（3）发现了自己喜欢的景色。

（4）路途上与大家和谐相处，在一些问题上达成共识。

（5）感知国道、省道、县道、高速公路之间的不同，以及发现高速公路的风景远不如国道和县道。

（6）听了大量的刘宝瑞的相声，特别是有几段关于刘罗锅和乾隆帝斗智斗勇的故事。其间 Bob 先生还问了我几个问题，实在是收获不小。

（7）在车上背了几个单词，发现在旅途中背单词远不如看景色和听刘宝瑞的相声有意思。

（8）感知半小时有多久、40 公里有多远……

（9）交流彼此对下次旅行的期待。

［**爸妈再想想**］

读万卷书，也要行万里路。旅行的意义何在？

等待中的时间意识

导读：父母是孩子的第一任老师。父母教育孩子的机会，生活中无处不在。

关键词：公园　约会　等待　联想　时间概念　做决定

北京的春天，多晴少雨，偶有雷电。有一天傍晚下了一场雷阵雨，除了给春天带来更多生机之外，也给Bob先生与妞妞的约会带来一些不确定因素。所幸的是，当他和我出门的时候，雨居然停了，空气中弥漫着潮湿的雾气。他和我拿着雨伞来到了公园门口，等待妞妞的到来。

约定的时间到了，妞妞还没来。Bob先生有些着急起来，自言自语地说：“妞妞怎么还不来啊？”

“难道是妞妞生病了？”我说。

“妞妞肯定还没有找到雨伞……”Bob先生想了一下，说道。（看看，小朋友的想法多么独到）

“那妞妞可急坏了吧。”我说。

……

10分钟过去了。

“咱们再等她10分钟吧。”我说。

……

“再等5分钟。”

“再等3分钟。”

“妞妞今天没有来，肯定有原因。无论什么原因，我们都不用再等她了，咱们进去找其他小朋友玩吧！”

Bob 爸有话说

一个很简单的故事虽然结束了，教育却还在继续。在孩子的成长过程中，有各种各样的事情发生，有些事情我们无法通过预先的教导来实现教育目的。上述场景中，爸爸很自然地实施了以下 3 个方面的教育：

（1）诚实守信的教育。我能够在雨后携 Bob 先生一起践约，就是对孩子实施诚实守信的教育。

（2）接纳现实的教育。妞妞为什么没有来，在这里并不重要。重要的是，我们将引导孩子如何面对这种情况。上述场景中，我首先用正面的、积极的心态来引导孩子，孩子自然会设身处地为失约的小朋友寻找理由，在这个时候，我补上了一句“那妞妞可急坏了吧”来推进这种积极设想的具体化。最后，爸爸为这次失约找到了一个很好的“限时结束”方式，让孩子的期待自然过渡。

（3）时间管理的教育。通过限时等待，帮助孩子感知 10 分钟有多久，感知等待，这都是无法通过说教和预先告知所能实现的教育目的。

［**爸妈再想想**］

只要留意，生活为孩子提供了真实而丰富的成长机会。培养孩子的时间观念能够给孩子未来的学习生活带来什么影响？

控制行为的边界

导读：当孩子认知到人与人之间存在的界限，就能更好地控制自己行为的边界。

关键词：破冰　人际　独立个体　心理边界

我家住在北京市西城区一个较老的院子里，听说是20世纪50年代苏联专家居住的地方。一天下午，百无聊赖，我和Bob先生在院子里闲逛。有一个七八岁的小男孩在院子门口摆了一个“小摊”写作业。我心里暗想，当年毛泽东在城门楼子前面学习，这个孩子难道在效仿？

Bob先生围着他绕了两圈，很想问他在干什么（这时候他还不知道有写作业这件事情），但是始终没开口，最后让我去问那个小男孩在干什么，我坚持要他自己去问。没有想到的是，Bob先生跑到那个男孩面前，蹲下盯了人家半天，还去摸了一下他的脚，最终什么也没问就跑了。

这让我想起，在他学会走路之后的很长一段时间，姥姥都不敢带他去公园找别的小朋友玩。因为他总是把其他小朋友当成“自己人”，很不客气地拿上人家的玩具就跑，这种现象到上幼儿园后才有了很大改观。再后来，他基本学会了用自己的东西去跟其他小朋友交换着玩。

现在情况有了进一步的变化，他学会了“矜持”。看来，Bob先生长大了，和以前不一样了：他学会了与别人保持一定距离。我觉得这种变化挺好，因为这种能力将会促进孩子发展真正的社交能力。

Bob 爸有话说

这种变化，源自孩子“自我意识”的觉醒。他们在这个阶段，慢慢感觉到自己和别人是不同的个体，别的个体与自己在行为上和思想上存在的差异越来越大。这种差异的感知出现会暂时形成沟通障碍，让孩子变得更加“矜持”。对于一部分孩子来说，这种“障碍”并不会成为“障碍”，因为他们从父母身上会学到很多解决的方法。

比如，有一天晚上在公园里，突然有一个小女孩对他说：“你怎么现在才来！”原来这是一个此前在一起玩过一段时间的小女孩。这句话实在是妙极了。首先，这句话让同伴很容易回答；其次，这句话让同伴感觉她很重视他。就因为这么简单的一句话，他们很快就手拉手跑远了。

［爸妈再想想］

孩子的成长，会经历从无知到有知，从他觉到自觉。孩子到底属于父母还是属于他们自己？

第三章

这样玩，练的是孩子的数理逻辑和空间建构能力

数理逻辑和空间建构是孩子抽象思维发展的最重要方面，也是很多重点学校录取学生时都要考核的内容。更重要的是，它为未来的专业学习打好了基础。通过游戏的方式去构建，在生活中去激励，具有现实可操作性。

等人时玩的数字游戏

导读：同样一件事情，如果你把它演绎得很有趣，把过程搞得很精彩，它就是一个游戏；如果你做得一本正经，那就是教育。

关键词：数字顺序　进位　语言游戏　记忆　信息加工

Bob 先生的姥姥家离我们家并不远，步行仅需 5 分钟。有一天晚上，我和 Bob 先生在胡同口等妈妈一起去姥姥家。天已经黑了下来，路上行人很少。我们无事可干，我就说："咱俩玩数数的游戏吧。"

我说，咱们只要数 100 下，妈妈就会回来了。说完这话，我就有些后悔，万一数完 100 妈妈还没来怎么办？既然说了，我想总是要去面对。为了让游戏变得有趣一点儿，我开了一个头，从 0 数到 11，用很滑稽的方式数，他跟着数 12，我就数 13，依次类推。有时候，他有点儿搞不清楚，我就帮他数……果然，快数到 90 的时候他妈妈就来了，这让他觉得我好神！

Bob 爸有话说

这算什么游戏啊，可能有的朋友会这么想。的确，这里面游戏的成分不是很多，但是，同样一件事情，如果你把它演绎得很有趣，把过程搞得很精彩，它就是一个游戏；如果你做得一本正经，那就是教育。

孩子需要的不是教育，而是游戏。大家所谓的教育是灌输，游戏是体验；所谓的教育是不经大脑的记忆过程，游戏是信息加工与现象发现的过程；所谓的教育是对孩子天性与兴趣的谋杀，游戏是对天性的释放、对兴趣的激励……

［**爸妈再想想**］

看似简单的数数游戏，除了可以帮助孩子了解数字的大小、顺序、进位之外，还会给孩子带来哪些情感上的体验？这样的体验对于孩子的成长来说意味着什么？

玩斗地主没想象的那么简单

导读：人生最重要的不是摸一副好牌，而是把手上这把牌打好。

关键词：扑克牌　斗地主　桌面游戏　特长　爱好

如果你有机会跟 Bob 先生在一起，偶尔会听到他喃喃自语：王炸、加倍、飞机……

他在干什么呢？原来他在回想玩扑克的情景。是不是有点儿“中邪”了？是有点儿，他中的“邪”还真是不少，有时候是这种“邪”，有时候是那种“邪”。比如前段时间，晚上一个人玩的时候，他就疯狂地说英语，管它合不合适，对不对，反正听过的、学过的东西一股脑儿喷出来。我说给英语老师听，英语老师非常惊讶和兴奋，认为他经过一年的英语学习，到了爆发的临界点。

还有很多类似的“中邪”，比如喜欢恐龙吧，就不断地折腾恐龙，买各种各样的恐龙书，看各种各样与恐龙有关的电视和故事，有一段时间天天晚上要我们讲恐龙，否则不睡觉。关于恐龙的科普书很多内容都是相似的，可在他看来，对同一种恐龙的不同描述也具有意义。

再说玩扑克的事情。一直以来，我很推崇一家人在一起玩游戏，如大富翁类型的桌面游戏、扑克牌以及各种棋牌游戏。玩扑克是为了促进他 10 以内的算术学习。玩的时候，我们一定要积分。谁赢了多少，惩罚和奖励是什么，该有的都要有。在我看来，获得奖励和惩罚才是游戏的目的，而扑克牌只是媒介。

算术游戏比较简单，为了让孩子能够深化一下对数字的概念，我开始用扑克牌教他玩“小五张”。这个“小五张”是我小时候的一种玩法，大致是跟“争上游”差不多，只是两个人玩的时候，每人只限摸 5 张牌。之所以玩 5 张牌，是因为孩子手小，牌多了不好拿。

我俩经常在他作业完成之后玩小五张。由此，他的数字大小概念已经深化，只是不一定马上显示成效。后来我想，这个小五张比较简单，没有协作与思考在里面，于是就带他玩斗地主，不过是用 iPad（一种平板电脑）的单机版玩，没想到他一玩就有兴趣，甚至有些痴迷。

不过我并不担心，如果他真能把斗地主玩好，也是不错的。有一次，我跟他说，等他长大了一起学桥牌。他听了很兴奋，就天天渴望能长大学桥牌。桥牌是什么玩意儿我也不是很清楚，不过这不要紧，只要他心中有希望，有期盼，届时满足他就好了。学玩扑克是学，学写字也是学，互不矛盾。而且我认为扑克牌玩得好的人一定聪明，而学习好的孩子不一定能玩好扑克。

Bob 爸有话说

还有一些别的原因，会让我觉得玩扑克牌比较重要。记得有一篇文章说职场人士一生要学会几样技能，除了 K 歌、运动之外，玩牌也是很重要的一个技能。

扑克游戏是一种耐玩的游戏，每一把牌都有变化，不会让你很快就失去兴趣。有这样的快乐元素支撑，我想，人生遇到坎坷的时候，多一种简单活下去的理由也是不错的。换一种说法，让快乐更简单一些，让快乐更容易一些。

斗地主是需要协作的，除非你是“地主”。身为“长工”，一起打败“地主”是需要取舍的，不能为了自己痛快而让集体失败，这些元素我认为是很有积极意义的。事实上，在玩的过程中还有很多很多值得思考的东西，如怎样打好手上的牌，如何巧取，如何面对输赢等问题。

人生最重要的不是摸一副好牌，而是把手上这把牌打好。

[爸妈再想想]

和孩子一起玩扑克牌，可以帮助孩子训练数字识别能力和计算能力。更重要的是，和孩子一起玩扑克，是一种共同的体验。如果孩子痴迷玩扑克牌游戏，父母该怎么做呢？

带着孩子去练摊不仅是培养财商

导读：基于真实需求的实现过程，才能培养真正的能力。

关键词：练摊　进货　买卖　收入支配　财商实践

我家住在月坛公园不远处一个较为老旧的院子里。在Bob先生小的时候，我们几乎每天都会带着他去月坛公园找小朋友玩。每天从月坛公园门口路过，觉得这里的人流挺集中的，就有了带孩子练摊卖东西的小打算。

有一次，儿童节快要到了，我还没有想好送孩子什么礼物，就让孩子自己去选一个礼物，顺便我也进点儿货，让孩子练练摊。他同意了，于是有一天我就带他一起去一家小商品批发市场。

我们买了魔方、木板的立体拼图、橡皮汽车和托马斯小火车、吹泡泡的棒、大富翁纸牌游戏、红旗贴纸（这是Bob先生特意选择的，以便随时奖励我的进步）。

晚饭后，准备出发去摆摊儿了，孩子开始打退堂鼓。磨蹭着不想去，后来终于说了原因——怕城管抓他。我就跟他讲，我们是学习做生意，城管不会管小朋友的，再说今天是周末，城管不上班，不会来抓他的，请他放心。最后妈妈答应跟他一起去，他才同意。

我知道我撒谎了。城管不会抓小朋友？城管周末不上班？这些我都不清楚，为了让他愿意去，我只好撒谎了。转念一想，这应该不算撒谎，或许算作正向激励。忽略可能遇到的挫折，先干起来再说，算是一种遇到问题再尝试解决的智慧吧。

当然，这些只是我为了证明自己没有在小朋友面前撒谎的自证而已。当时的确没有想太多，唯一的目标是，走出去，摆出去，卖出去。总不能把事情都准备得完美无缺才去做，那岂不是永远没法儿做？

我让 Bob 先生自己拉着装货的车子，陪他来到了公园门口，找了一个绝佳的位置，然后一起铺上地垫，摆上东西。我说，咱们得把大一些的、一眼就能看见是什么的东西放得远一点儿，新奇的、小一点儿的东西放得近一点儿。他如是做了。

我心里不是很踏实。我担心今天晚上一件都卖不出去，孩子会不会受到挫折？不过这很快就不是问题了。3 分钟后，一位妈妈带着孩子过来了，看见有吹泡泡的棒子，就跟孩子说，咱们在这里买一个吧。孩子高兴地选了一个，最后以 5 元成交。

有了第一笔成交，Bob 先生感到很快乐。其实最快乐的是我，因为他快乐，所以我快乐。

很快又来了 3 个年轻人，他们惊呼："这么小就练摊了！"然后煞有介事地仔细查看商品，最后买了一块小汽车模型的橡皮走了。我不知道孩子怎么看这件事情，但是我很感谢这 3 个年轻人，他们是在认可小朋友的行为，在用实际行动支持小朋友的行为，而且是用一种不露声色的方式去默默地支持。

围观的人越来越多。有很多家长都支持这种实践，鼓励孩子自己去挑选商品，鼓励孩子找 Bob 先生询问商品的信息，让孩子选择自己喜欢的东西。对此我深为感动。

晚上 9 点闭园后，我们才收摊回家。当晚战绩不错，赚了 20 元。除了比较复杂的找钱计算需要我帮忙，整个收钱、找钱过程都是 Bob 先生自己完成的。在这个过程中，他几次想跑开去玩，在我的劝导下最终还是回到了摊前。他终究明白，他是摊主，他的责任是销售商品。

我拿了 2 元钱给 Bob 先生，让他自己去决定如何花这 2 元钱。他买了一根大红果冰棍儿，用去 1 元钱。他走到胡同里一个卖玩具的摊位前，想买玩具，却发现 1 元钱已经不够了，只好作罢。这个过程意味着什么？一个是自己做决定，一个是学会面对满足与无法满足，当然还有更多的变化已经开始……

Bob 爸有话说

我在跟孩子的妈妈讨论上文所说的这些事情的时候，她说，咱们是为了实践，卖着玩，练练胆量和交流能力。可我觉得，练胆量和交流能力只是摆摊儿附带的收获，而我们的目标是销售商品，把东西卖出去，赚钱。基于真实需求的实现过程，才能培养真正的能力。

［爸妈再想想］

3个年轻人购买了一块橡皮，对孩子的实践行动来说具有什么样的意义？

数学考砸了竟然是一件好事

导读：孩子考试考砸了，他们一定也会心慌意乱，万分沮丧。这时候，他们最需要的不是批评，而是同情和帮助。

关键词：数学考试　试卷分析　信任

Bob先生今天数学考试破天荒只得了82分，让我大跌眼镜。不过没有考好，正好可以发现问题。

先分析试卷，找到问题，然后再去解决这些问题。不过这还不够，学习方面的问题不仅仅是学习的问题，还涉及情绪、态度、习惯等方面的原因。这些都需要多观察了解，逐一帮助他，才能真正帮助他学好数学。

记得我上一年级时，第一个期末数学考得很差，只有60多分，我爸给我煮了一个咸鸭蛋，以资鼓励。后来我在小学时的数学经常考满分，或许与此有关。

相信孩子，相信未来。

Bob爸有话说

孩子在学习过程中遇到困难是常态，这时候他们最需要的不是批评和指正，而是同情、理解和真正的帮助。他们需要知道下一步如何行动才能真正达到父母的要求。不过这一点恰好是很多父母所不知道的：如何才能真正帮助他们进步？

［**爸妈再想想**］

孩子在成长的过程中，学习成绩总是会出现波动。几乎没有人可以持续进步，永不失败。成绩波动是发现问题、解决问题的好时机，父母可以利用这个时机跟孩子一起面对，找到进步的方案。如果孩子不愿意一起去解决这些问题，该怎么办？

路途上的空间语言游戏

导读：孩子与爸爸的共同经历多一些，共同的有趣话题和美好回忆也多一些，生命才会因为对方而彼此精彩。

关键词：上学　GPS　空间　方位　语言游戏　创意　聊天　亲子

Bob 先生所上的幼儿园，在公立幼儿园中有着很不错的口碑，但是路途较远，骑车也需要近 20 分钟才能到达。孩子妈妈有次偶感小恙，所以那几天一直都是我送他去幼儿园。孩子坐在我的电动车前面，我们一边骑行一边玩 GPS 游戏，由我来扮演 GPS。

GPS（我）：前方 100 米左转，穿过二环月坛北桥。道路上有积水，看来昨晚下过雨。我们这是新型的 GPS，可以和你聊天气……

Bob 先生：哈哈，GPS 你跟我聊天吧！

GPS：今天我决定走另外一条路，通过金融街直接前往白塔寺。

Bob 先生：这条路以前没有走过。

GPS：这是一条全新的道路，一条很宽敞明亮的道路。前方有监控，限速 40 公里。

Bob 先生：那我们得小心一点儿了。

GPS：前方 200 米左转，那里有一个丁字路口。到了丁字路口就只有 3 条路可以走。啦啦啦啦……（GPS 开始唱歌了）

Bob：你怎么老唱这一句啊？

GPS：我是 GPS，只会唱一首歌，除非有人教我……

（国歌的前奏响起……Bob 先生在哼唱国歌，但是不知道他唱的歌词是什么……）

Bob 先生：你唱国歌啊！

GPS：好，这是我学的第二首歌。

Bob 先生：五星红旗迎风飘扬……（Bob 先生开始换歌了……）

GPS：你换了一首歌，我还没学会呢。

Bob 先生：就这样吧。

GPS：啦啦啦……

Bob 先生：你怎么又唱回去了？

GPS：我就喜欢唱这个……前方路口右转，进入平安大街。转错了不能怪我哦……

Bob 先生：GPS，你跟我聊天吧。

GPS：啦啦啦啦……这条街上怎么这么多人啊，请注意控制车速。你怎么站起来了，请坐下，注意安全。

Bob 先生：爸爸，前面停了一辆蓝色的大 bus（巴士）。

GPS：那是一辆蓝色的旅行大巴车。它可真是够大的，占了自行车道那么多地方。前方左转，进入去幼儿园的路。

Bob 先生：爸爸你看那些东西是用来干什么的？

GPS：那是用来铺路的仿古地砖。前方右转，进入护国寺小吃的那条胡同。这条路怎么这么脏啊。

Bob 先生：他们在修路，要修到冬季才能修好呢。

GPS：你怎么知道要到冬季才能修好？他们在明年春天前能把路修好就很不错了。

Bob 先生：前方 100 米左转。

GPS：你是 GPS 还是我是 GPS 呀？

Bob 先生：……

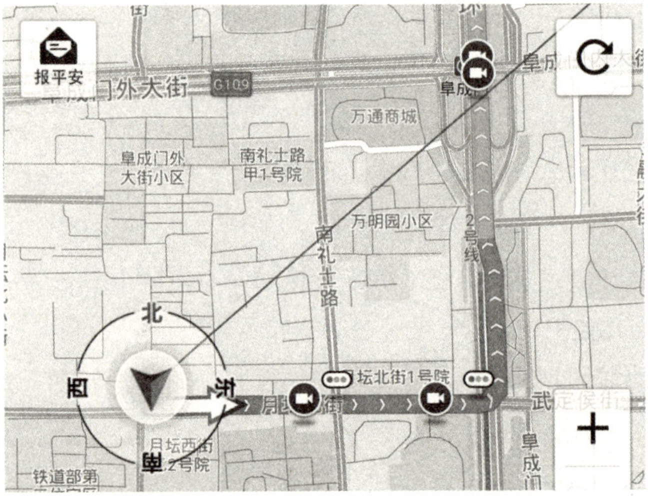

Bob 爸有话说

这个游戏很好玩，可以减少旅途中的枯燥感，培养孩子的方向感，让孩子记住去过的每一条街，让孩子关注路上的人和物，发挥孩子的想象力。当然，最重要的是，父子之间的关系会越来越亲密。孩子与爸爸的共同经历多了一些，共同的话题和回忆也多了一些。

［**爸妈再想想**］

让孩子熟知生活中各种物品的作用，可以帮助孩子理解如何使用各种物品（或科学技术）来满足现实需求。这对于未来所需的哪些能力有帮助？对中规中矩的传统 GPS 来说，创造性的语言和玩法在手机地图导航上有哪些表现？

通过地图了解大千世界

导读：我很乐意为孩子的探索提供相应的活动以及物质准备，我想这样的做法既完成了父母的职责，也是一种良好的智力投资。

关键词：国旗　地图　国家　城市探索　地理位置　空间文化

记得 Bob 先生很小的时候，看过一本关于国旗的书，那时候家里还张贴着一些国家的国旗图案。虽然当时他认得一些国旗，现在想来，这些东西只是让孩子识字或者学说话的工具而已，他连国家的概念都不清楚，认识那么多国旗又有何意义呢？

不知道是否与此有关，Bob 先生后来喜欢研究与地理和历史相关的事情。为此我买了两张很大的地图贴在家里，很是费了一些脑筋——因为家里实在没有如此宽阔的墙面可供张贴这两张大地图。

之后，在闲暇时间我就会让他去地图上找一个国家或城市。因为地图太大、信息太多，找起来也不大容易，所以我会告诉他一些线索。一旦目标被他发现，他就很兴奋，我也会顺便给他讲一些相关知识，虽然我也所知不多。现在看来，他真从这个过程中了解了一些东西，如一些国家所在的地域、首都，等等。

既然他喜欢了解时间和空间的知识，尽可能满足他是我喜欢做的一件事情。

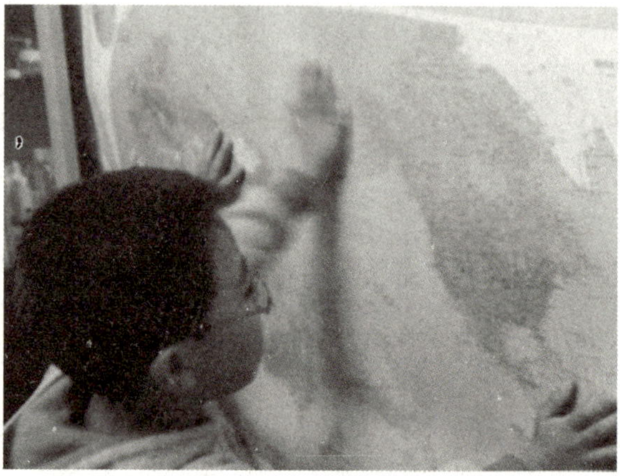

Bob 爸有话说

父母的职责之一就是为孩子的成长创设环境。男孩子喜欢探索世界，可以通过阅读、观察、实验、实践等方式来进行。通过地图探索国家的分布，结合平时了解的各国名人、历史故事，最终形成自己完整的概念。这个过程是对所见所闻进行信息加工的过程，是学习能力提升的过程，是自我成长的过程。我很乐意为他的探索提供相应的活动以及物质准备，我想这样的投资既完成了父母的职责，也是一种良好的智力投资。

[爸妈再想想]

在生活中可以利用地图来拓展孩子对空间方位的认知，了解各国人文历史、风土人情，可以畅谈世界之奇妙，这可以给孩子未来哪些方面的发展奠定认知和能力基础？

有无穷种玩法的建构玩具

导读：我一直希望有一个地方不受限于空间和器材的局限，能够让孩子发挥无尽的想象，专注去构建宏伟的作品。这不仅仅是一种智力挑战，更是给予孩子的极大鼓舞。

关键词：建构玩具　轨道规划运营

在很长一段时间里，Bob 先生独自一人最喜欢做的事情就是搭建他的轨道系统。只要有时间，他就会在地上摆弄他的轨道，甚至近乎废寝忘食。

不过，和 Bob 先生玩轨道，没那么简单！

他负责按他的想法去搭建火车轨道。他刚开始玩的时候并没有明确的规划，只是随意搭建。当搭建完成之后，他就会有一个比较直观的感受：是否美观？是否体现了他所设想的各种要素？更麻烦的是，如果两列火车同时在这个复杂的轨道上运行，他要如何去控制和管理？有没有优化的可能？

我想，这些问题恐怕是很难通过提前的教学来完成的。只有当作品真正呈现出来时，我们再去进行理性的思考，或许才是一个好的选择。

我们的玩法就是：10 分钟内两列火车不会脱轨、不会走错路，就算通过第一关！

这种情况下，他不仅是设计师、建设者，更是一个中央处理器兼扳道工！

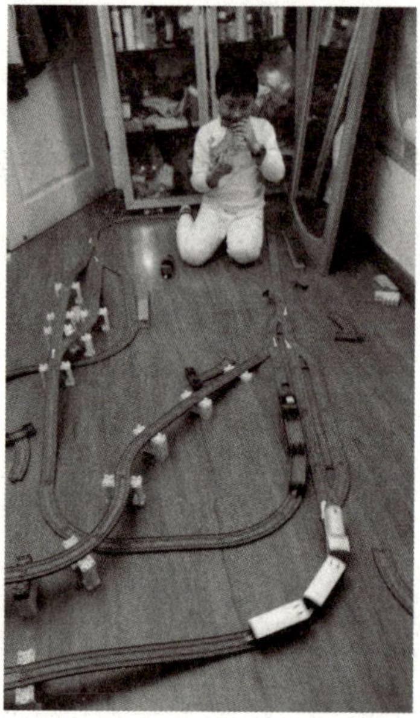

Bob 爸有话说

一直以来，我非常渴望有一个地方，能够为孩子提供足够多的建构玩具，以便让孩子完成一些宏大甚至是伟大的工程。虽然在家里我也尽量这样去做，但是仍然觉得玩得不过瘾。为什么会觉得玩得不过瘾呢？因为过于简单的任务，很容易完成的任务，并不能给人带来真正意义上的智力挑战，通过艰苦卓绝的努力创造出来的奇迹，才能给人最大的鼓舞，是自信的源泉。

[**爸妈再想想**]

每一个游戏都有其积极的意义。让孩子完成一件宏大的作品，并能够掌控其运营，对未来哪些能力的发展具有积极的意义？

用 3D 立体拼图拼装出一个世界

导读：把一件事情做好，本身就是了不起的成就。通过这件事情，广泛地了解与之相关的知识，这就是自主学习的过程。

关键词：立体拼图　空间智能　动手能力　探索标志性建筑

这段时间，Bob 先生迷上了 3D 立体拼图，达到了废寝忘食的境地。他的零花钱主要用在购买各种各样的拼图上，我们在一起的话题很多都是与此相关的。

这种拼图是用硬质卡制作的，需要对照图纸细心地进行拼插。稍不留意就会导致纸片折损，最后只好用透明胶带来粘接。一个大型的建筑，需要付出非常多的耐心才能拼插完，这对他还是有一些挑战的。

在玩的过程中，他了解了世界各地的标志性建筑，我们也一起了解了各个国家在地图上的位置，以及一些著名的人物等。

我想这也算是他了解世界的窗口，探索世界的一种独特方式吧。

Bob 爸有话说

玩立体拼图，能提高孩子的动手能力，训练孩子的空间智能，为未来的几何学习奠定良好的基础。空间智能是一种抽象的能力，和数理逻辑智能一样，是智力测试中最重要的项目之一。在生活中我们可以发现，喜欢玩的孩子更聪明，聪明的孩子更喜欢玩这些带有智力挑战的活动。

[**爸妈再想想**]

标志性建筑的 3D 立体拼图，不仅可以帮助孩子提升手工制作的技艺，增加乐趣，还能够使其顺势了解人类文明的伟大之处及异国的不同文化。做这样的事情可能会对未来的哪些学科学习产生积极的影响呢?

第四章

语言思维能力可以“玩”着提高

现在语言能力越来越重要，不仅对未来的生活和工作影响深远，在高考中所占据的比重也越来越大。在生活中帮助孩子发展他们的语言思维能力是有章可循的。

角色扮演游戏与经典童话世界

导读： 再美好的事，也需要找到合适的方式让孩子了解并接受才行。

关键词： 读图　阅读　游戏　角色扮演　经典童话　MP3 故事

当时，Bob 先生是一个年仅 4 岁的快乐小伙子，每天都有玩不完的游戏，做不完的事情。比如每天睡前，他都喜欢让妈妈给他讲绘本里的故事。这个习惯看上去真是不错，其实做大人的心里却有苦衷。Bob 先生总要求讲他最喜欢的那几本书，如《一天中的城市》《一天中的火车站》等。这几本书是好书，但除了有趣，还谈不上经典。为此，我暗下决心，要帮助他尽早进入“经典的世界”。

于是，我下载了世界童话故事音频，在上下班的路上反复听，打算选出几个适合他这个年龄的故事让他听听。

之后的几个晚上，我会正襟危坐地宣布：现在我们要听童话故事了，然后就开始播放我选好的故事。不过，每次都是在他的强烈要求下，提前结束了我策划的“经典童话之旅”。这让我郁闷了好久，也让我很不明白：那么多小朋友都喜欢听童话故事，Bob先生为什么就没一点儿兴趣呢？

我反思，我觉醒。我相信他缺乏听故事的兴趣一定有一些原因：长期地读图画书，以及对妈妈讲故事的依恋。

既然我自认为找到问题了，那就开始行动吧。我想到的妙招就是：角色扮演。当天晚上我们进行了两个童话故事的角色扮演，这对于不愿意听童话，只愿意“读图”的Bob先生来说，的确是一个令人兴奋的事情。他从童话故事的角色扮演中找到了这个年龄段应该拥有的乐趣。从此，Bob先生进入了一个崭新的经典童话世界！

第一个故事是《七色花》。我扮演了故事里的珍妮姑娘，Bob先生则扮演了玩北极探险游戏的男孩和残疾小男孩维佳。我用MP3播放器放着《七色花》的童话故事，然后我们根据剧情开始表演。

场景一：买面包圈

有个小姑娘，叫珍妮。有一天，妈妈叫她去买面包圈。（我就走呀走呀。）

珍妮提着一大串面包圈，一边走，一边念着路边商店招牌上的字，数着天上飞来飞去的乌鸦。（我就数呀数呀。）

这时，一只流浪小狗跟在珍妮后面，它偷偷地把面包圈吃了，珍妮觉着手里的东西轻了，她扭头一看，旁边这只流浪小狗正心满意足地舔着嘴呢。（我一本正经地生小狗的气，此时Bob先生乐翻天了。）

珍妮：哎呀，面包圈全没了！你这害人的狗！小偷！你把我的面包圈全吃光了！

珍妮追着流浪小狗，要打它。（我就追打小狗，一边追，一边骂。）

小狗在前面跑，珍妮在后面追，小狗没追上，自己却迷路了，她走到了一个陌生的地方。她害怕了，“呜呜”地哭起来。（我就哭呀哭呀。）

忽然，对面走过来一位老婆婆。

老婆婆：好孩子，你为什么哭呀？

珍妮：老婆婆，一只小狗偷吃了我给妈妈买的面包圈，我追它，跑着跑着就找不到家了。（我就说呀说呀。）

老婆婆：别哭了，小姑娘，我这儿有一朵“七色花”，它是一朵有魔力的花，什么事都能办得到，我把它送给你，它会帮助你的。只要你撕一片花瓣扔出去，再念一遍咒语，你想要什么都能得到。

珍妮：这朵花真的有这么神奇吗？

老婆婆：是的，你想要什么，就撕下一片花瓣，扔出去，说：“小花瓣哟，听我说哟，照我做哟！”它就会替你办好的。

珍妮接过七色花，谢了老婆婆，她要回家去，但不知该走哪条路。她想起了七色花，就撕下一片黄色花瓣，把它扔出去——

珍妮：小花瓣哟，听我说哟，照我做哟！我要带面包圈回家去……

话还没说完，珍妮手里已经拿着一串面包圈，回到家里了。（我就吹了一口气，然后对着上空虔诚地念着咒语。）

场景二：回家

珍妮把面包圈交给妈妈，走进房里。珍妮环顾四周，高兴极了！

珍妮：我真的回到家里了！这真是一朵神奇的花啊！应该把它插到最珍贵的瓶子里！

珍妮想把七色花插进妈妈最心爱的、放在柜子顶上的花瓶里，可是一不小心，花瓶掉在地上，打碎了。（我自言自语地说：“我得把花放到那个可爱的花瓶里。”于是我找了一个纸杯，搬了一个凳子，把纸杯放到柜子顶上，然后故意碰下来了，于是我惊呼，“妈呀，花瓶碎了，我要挨打了。”Bob 先生又乐翻天了。）

妈妈在厨房里大声问——

妈妈：珍妮，你把什么东西打碎了？

珍妮：没有……

珍妮赶快撕下一片红色花瓣，扔了出去。

珍妮：小花瓣哟，听我说哟，照我做哟！给我一个像这一样的花瓶吧……（我又吹了一口气，然后虔诚地祈祷。）

地上破花瓶的碎片立刻又合拢起来了，珍妮赶快捡起来！妈妈进来一看，珍妮手里的花瓶好好的，妈妈有些疑惑。

妈妈：宝贝，别总待在屋子里，到院子里跟小朋友们一起玩吧！

场景三：院子里

珍妮来到院子里，男孩子们正在玩北极探险家的游戏，他们不肯和珍妮玩。

Bob 先生扮演男孩子 A：躲开、躲开！别挡着我们去北极探险的路！

珍妮：我跟你们一起玩吧？

Bob 先生扮演男孩子 B：到北极去探险很危险，哪能带女孩子去呢？

Bob 先生扮演男孩子 C：就是，就是，我们不带女孩子玩！

珍妮：哼，有什么了不起的，我偏要去。我自己到北极去！

她撕下一片蓝花瓣，扔了出去——

珍妮：小花瓣哟，听我说哟，照我做哟！我要到北极去……

话刚说完，忽然太阳不见了，一阵大风吹来，把她吹到北极去了。

场景四：北极

珍妮这时穿的是夏天的衣服，光着腿，孤零零的一个人到了北极，冰天雪地的北极冷极了。（我冷得发抖，Bob 先生在旁边看了哈哈大笑。）

珍妮：这里的气温肯定是零下100摄氏度！妈妈，您在哪儿呀，快来救救我！

珍妮哭喊着，眼泪一串串流下来。这时，3只北极熊从大冰块后边蹿了出来，发现了珍妮。（Bob先生立即客串起了北极熊，吓得我惊慌失措。）

接着，3只北极熊一齐向珍妮扑过去。珍妮吓坏了，她用冻僵的手指抓起七色花，撕下一片绿花瓣，扔了出去——

珍妮：小花瓣哟，听我说哟，照我做哟！快让我回去……（我再一次虔诚地念着咒语。）

场景五：院子里

一眨眼工夫，她又在院子里了。

珍妮：这次我要跟女孩子玩。（这时正好Bob先生的妈妈进来了，我真的找到了一个“女孩子”玩，于是我就求她跟我玩。）

珍妮去找邻居的女孩子们玩，她看见她们有好多玩具：小汽车、大皮球、会说话的洋娃娃……珍妮很羡慕，她把一片橙色花瓣扔出去——

珍妮：小花瓣哟，听我说哟，照我做哟！我要好多好多的玩具……

立刻，玩具从四面八方向珍妮涌来，整条胡同和马路都堆满了各种玩具。站岗的警察吹着哨子，指挥交通秩序。

（警察在吹哨子）

珍妮抱着头叫起来——

珍妮：够了，够了！玩具快别来了！

可是玩具还是不断涌来，珍妮走到哪里，玩具们就跟到哪里，珍妮连忙撕下一片紫花瓣，扔了出去——

珍妮：小花瓣哟，听我说哟，照我做哟！快叫玩具都回到商店里去吧！

于是所有的玩具都不见了。

珍妮一看七色花，只剩下一片花瓣了。

珍妮：只剩下最后一片花瓣了。我想买巧克力糖、买蛋卷……不行，吃过就没有了。买三轮单车？买新凉鞋？买电影票？买马戏票？等一等，这最后一片我可得好好想想。

场景六：大门前

忽然，她看见一个可爱的小男孩坐在大门前的小凳上，他有一双明亮的黑眼睛，珍妮很喜欢他，想和他玩。

珍妮：我们一起捉迷藏吧，跑着玩！

Bob 先生扮演小男孩：我也想和你一起玩，可我是个跛子，这辈子都不能跑了。

珍妮：你别伤心，你会好起来的！

珍妮心想，我要让小男孩能够走路！于是，她小心翼翼地撕下最后一片青色花瓣扔了出去——

珍妮：小花瓣哟，听我说哟，照我做哟！让这个小男孩健康起来吧……

（音乐起）

话还没说完，小男孩真的就站了起来，小男孩连连惊呼（Bob 先生扮演）——

“天哪！天哪！我能站起来跑了！我的腿好了！”

他终于可以同珍妮一起玩捉迷藏了。他们跑呀，跳呀，玩得可高兴了！

Bob爸有话说

角色表演大获成功，孩子还强烈要求再来一个故事，于是我们又听了一个我曾经腆着脸皮给他讲过的《渔夫和金鱼的故事》。他居然还记得一些情节，于是他主动扮演了贪得无厌的老太婆，我自然是那个心地善良却一事无成的渔夫了。角色扮演让我们的生活从此充满了欢乐与搞怪，真是令人兴奋。

这件事情给了我很大的鼓舞，美好的东西需要通过一种途径来让孩子接受，仅仅提一个要求是不够的，父母还需要找到适合孩子的方式，开动脑筋不断实践。角色扮演真是一件好玩的事情，我多么希望有一帮小朋友来我家，天天玩这种游戏。

［**爸妈再想想**］

角色扮演不仅有趣，还能塑造孩子的心灵。“正襟危坐”地给孩子讲故事，和用愉快游戏的方式跟孩子玩童话，有什么本质的区别？

以听为学从《三国演义》开始

导读：孩子的成长，对于父母来说并不是真正可以掌控的事情。只有不断地创造成长的机会，提供成长的“脚手架”，孩子才有可能一步步地走得更远。

关键词：听书　连环画　电影　拓展

Bob 先生 7 岁的时候，刚上小学二年级。和传说中“别人家的孩子”相比，没有太多的阅读兴趣，凭其识字量也无法实现自主阅读。我觉得这个样子肯定不行——不经常阅读，语言思维如何发展？但是他实在是还没有做好自主阅读的准备，怎么办？于是我就买了一个插卡小音箱，把青少版的《三国演义》音频复制进去，放给他听。

过了一段时间，Bob 先生对《三国演义》的故事基本熟知了，对听《三国演义》越来越有兴趣（我们总是不会对熟悉的东西反感）。后来我发现用插卡音箱选曲实在不方便，就把一部旧的智能手机给他，下载了一个“懒人听书”软件作为播放器使用。

自此之后，Bob 先生一有时间就听他的《三国演义》——吃饭听，睡觉前听，上厕所也要听。在这个过程中，他基本上不会按顺序去听，而是选择他喜欢的内容反复听，然后再听其他的——那又何妨！到后来，他完全可以把故事的顺序搞清楚了。

我小时候很喜欢连环画，所以也给 Bob 先生买了一套上海美术出版社的《三国演义》连环画，让他想看的时候就翻看一下。有时候，在 Bob 先生的点名下，我照着连环画讲《三国演义》给他听。讲完之后，我俩会进行一些小小的讨论，如刘备为什么会死在白帝城？为什么关云长会败走麦城？关云长执意要离开曹操找刘备，曹操送给他战袍、赤兔马等东西，这种做法在后来产生了什么样的作用？如果你是曹操，赤壁之战可以怎么打？

为了帮助 Bob 先生对《三国演义》有一个更为具体的认知，我从网上下载了一张三国时期的地图并打印出来，孩子简直是如获至宝，经常在地图上找一些故事里面谈及的地方——由此，对当时地域分布及战略行动有了非常直观的认知。

在周末，有时候我还会和 Bob 先生一起观看《三国演义》题材的电影，如《关云长》《赤壁》。每次观看的时候，Bob 先生几乎都能从对白中一下子就分辨出人物。

后来，有一天 Bob 先生和同学一家一起外出玩，路上聊到《三国演义》，同学的爸爸非常吃惊，觉得 Bob 先生怎么可以了解那么多。

Bob 爸有话说

我所做的事情，对于培养孩子喜欢《三国演义》——乃至今后历史知识的学习，都做了哪些值得借鉴的事情呢？

首先，分析孩子当前的情况，找到一种更适合孩子学习的模式。每一个孩子都是独特的。当我们错过了培养孩子早期阅读能力的关键时机之后，要重新寻找到更适合孩子的学习方法，比如Bob先生是通过听故事、听书来学习语言智能的。当孩子在我们引导的学习方面表现出独特的、有别于其他人的兴趣或能力时，这方面的特长就表现出来了。

当孩子的学习欲望被激发出来之后，需要让孩子坚持下去，不断地积累和巩固当前的学习成果，最后从量变到质变，从喜欢变成擅长，这就是特长的培养之道。在培养孩子的过程中，我提供了更为方便的播放器，购买了相关的连环画，下载并打印了三国时期的地图，陪孩子一起看三国题材的电影，探访三国人物故居，和孩子一起玩三国棋，等等，这些都是为孩子兴趣的挖掘、特长的培养所进行的环境创设和价值引导，可以让孩子在他喜欢的道路上越走越远。

如果不出什么意外，Bob先生将会通过这种学习方式，逐渐熟悉《三国演义》《水浒传》《西游记》，乃至《岳飞传》等脍炙人口的传统古典文学艺术作品及相关的知识。未来，他在历史、地理、语文、政治等学科的学习中，还会有什么问题吗？

未来，他会不会成为一个说书人，或成为一名渊博的历史老师，超越袁腾飞？会不会把他熟读的三国谋略用在学习、生活和工作中？他会不会以他独有的历史观来看待当今时代所发生的变迁？他会不会在与人交往的过程中获得博古通今的赞誉？这些赞誉会不会帮助他更加相信自己的能力，坚定自己未来的发展方向？

一切皆有可能。

［爸妈再想想］

孩子的成长，对于父母来说并不是真正可以掌控的事情。只有不断地创设成长的机会，提供成长的“脚手架”，孩子才有可能一步步走得更远。通过多元化的方式学习，是否会导致效率低下？

我这样陪孩子背英语

导读：放手不管不是最好的选择，紧盯着不放也不能真正有效地帮助孩子克服困难。

关键词：三年级　英语单词考试　自然拼读　音标

开学了，老师开了一个家长会，告诉家长：二年级下学期到三年级，要正式开始背单词了。为了提前做好准备，请孩子从现在开始背单词。Bob妈妈开完家长会回来，着急得不得了，偷偷去报了一个“思维英语”课，还报了一个“自然拼读”课。

报了就报了吧，虽然我心里很生气。生气的原因，不光是她给孩子报这么多课外班，关键是偷偷地报。她给孩子报“自然拼读”，原因很简单，怕孩子不认识单词、不会读，现在老师又不教音标。这算哪门子道理，在我看来，她只是把自己的恐惧映射到孩子身上而已。虽然我不懂“自然拼读”，但是我明白一个道理：单词认多了、读多了，自然就明白那些字母组合怎么发音了，这种浅显的规律，所有孩子都能够有这个智慧——如果真的不成，我只能说是天生的智商过低了，那么即使学了也是不容易学会的。再说，语言智能的学习，必须按听说读写的规律来进行，才是最容易的。你先学“自然拼读”，再反过来去认单词，这是用抽象的符号去解释简单直接的单词，本末倒置。

过了一天，我才把气消了，带孩子去上了一次课。老师讲得很努力，学生学得很兴奋，原来是因为一种诱惑的存在——积分卡。这实在是太糟糕了，为了积分卡的诱惑去学习，即便学会了一些东西，也会丢掉另外一些东西。丢掉的是“我认为我可以学会，我认为学习是一件不错的事情，学习也有学习的乐趣”。

既然班也报了，老师也说了，那就好好学英语吧。我倒不是担心孩子以后学不好英语，只是想，反正要学，不如就好好学。反正学了也不错，以后看英语电影还能不用看字幕。再说，学会一种语言，也算特长，能给孩子一些自信心，对不对？

学校一周讲了一个单元，有近 10 个单词，培训班又有近 10 个单词，实在不少。而孩子在学校、在培训班上完课回家后，基本上只能记住很少的单词。看来，我还是得想想办法该如何帮助学习英语。

我先是跟孩子讲清楚老师的要求和我们需要面对的任务，但是不恐吓，不威胁，平铺直叙。

然后我跟他说：从今天开始，我们要面对这些工作，每天会用半小时左右的时间来完成。说完后我把所有单词的英文和中文写到家里的小黑板上。

第一天，用了不止一小时。

先反复指读单词，一次 5 个，当记得差不多了，再指读后面 5 个。

然后是一起拼读单词，记了一个大概。

然后是开始慢速地反复跟读课文。

然后是听读我做的一个课文同步音频朗读程序的内容。

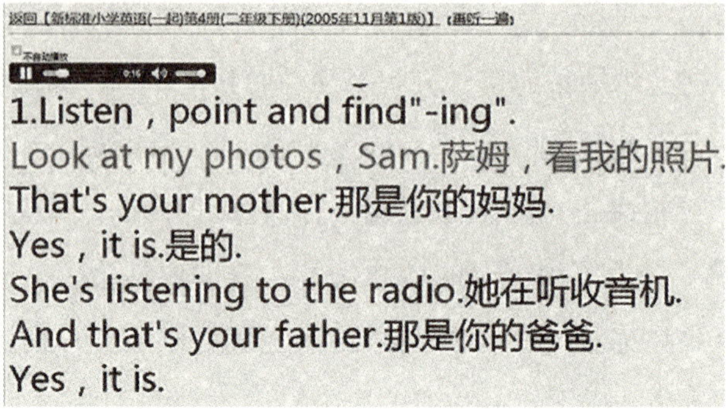

然后再玩单词游戏：

我们双手拉在一起，不停地跳。在跳的过程中，我说英语单词，他说汉语。说错了，就计扣分一次。

然后，是我说汉语，他说英语。说错了，计扣分一次。

从开始指读单词，到最后玩单词游戏，用了一个半小时左右。也许有人会问，孩子会不会觉得学习负担太重？

其实还好，刚开始指读单词的时候，有点儿累。到后来跟读课文的时候，是妈妈和他一起跟读。由于妈妈认不全句子，孩子反复地跑到另外一间屋子来问我，没记住的单词怎么读。

我告诉他，他马上就明白了，但是过一会儿又忘了，然后又过来问我。

这个过程有点儿长，有点啰唆，但是因为他妈妈也经常忘记，所以孩子觉得自己还算不错了，并没有感觉到不高兴。

到后来开始玩单词游戏的时候，孩子兴奋得不行，有时候还故意说错，让我惩罚他。

十几个单词基本会背，课文基本会读，虽然还是会瞬间忘记，但是我不着急，因为之后每天都会简单重复这些东西。

第一天这样操作，时间是长了一点儿，但是孩子还能接受，甚至还有些欢乐。正是因为有学会的成就感，有游戏的欢乐，所以我不担心孩子因此受到伤害。

现在再反过来看报课外班的事情。

虽然第一天的学习经历证明孩子是不需要上课外班的，而且上课外班投入的时间所获得的成果远远不如自己教，但是似乎它还是有一点点意义的。其意义在于，它给我们定了一个目标，逼着我们想办法去完成。

钢琴考级也是一样的，如果没有统一标准的考级，老师怎么教？教什么？教的进度是什么？恐怕都不是很清楚。

但这并不是说我赞同报课外班。

学英语单词的第二天，我带孩子玩了单词游戏，听了5遍我做的课文同步听读，妈妈带他读了几遍课文。孩子没有感觉到累，我和他妈妈也觉得孩子的进展不错，这就可以了。

Bob爸有话说

孩子刚接触到新的知识领域，会有一个熟知的过程。对于尚未学会学习方法的孩子来说，父母需要帮助他们一起完成入门的工作，否则孩子就容易陷入学习困难、备受打击的困境。帮助孩子学好英语，就是我所要面对的重要任务。如果父母没有这个能力帮助孩子怎么办？那就只能给孩子的学习点赞了，让孩子在课堂上更专心一点儿，回家来更加主动学习一点儿，让孩子多摸索一段时间，总是能搞定的。

所以，在这样的情况下，放手不管可能不是最好的选择，紧盯着不放也不能真正帮助孩子克服困难，而且也不能解决问题。

[**爸妈再想想**]

如何看待课外班，如何帮助孩子完成现实中“不可抗拒”的任务，实在让人纠结不清。我秉持的观点是：既然选择了就要把它做好，否则慎重考虑。好的观点如何才能在家庭中达成一致呢？

在公园学习是一种什么样的体验

导读：在生活中的学习，在游戏中的学习，都能为课堂学习做好准备。

关键词：公园学习　环境　游戏　背单词　劳逸结合

在 Bob 先生小的时候，只要天气情况允许，我们一般都会去月坛公园里玩。因为那里不仅有美景，还有很多小朋友。孩子自从上小学后，就很少有时间来这里了——因为老师的要求很多，父母的期望不低，孩子已经很少有时间来这里休闲了。不过最近有了一些变化。

在和煦的阳光下，暖暖的春风中，美丽的画境里，Bob 先生悠闲自得地背单词。我提问，他回答，记不住的重复读几遍。我们有时候坐着、有时候追逐、有时候打打羽毛球、有时候隔空提问，他很喜欢，没有表现出丝毫反感和不快。有时候我去溜达，请他自己记诵背得不牢固的部分，实在是美哉。但愿所有学习都能有一个天然游戏的环境。

在月坛公园，学一会儿，玩一会儿。我还要求 Bob 先生用老旧的便携相机拍 30 张照片，然后评选出好的，每张奖励 1 元钱。很多人喜欢创作，他也不例外，希望他能够创作出比一般人更好的作品。

Bob 爸有话说

孩子喜欢用游戏的方式学习。公园是一个适合游戏的环境。用玩的方式去学习，在学习之余马上可以投入玩，这会让学习变得轻松，让学习变得有趣。可是，在学校上课不能玩怎么办？会不会让孩子在学校反而学不进去了呢？

我想，不必有这样的担心。因为孩子的生活是多元的，孩子的适应能力是很强的。通过游戏的方式学习，便于他尽快掌握基本的认知。当他掌握好所要学习的知识之后，在课堂上他反而能因为自己已经掌握而自豪，而不害怕和紧张。在生活中的学习，在游戏中的学习，都能为课堂学习做好准备。

[爸妈再想想]

学习的目标是既定的，如何完成目标，如何用孩子喜欢的方式完成目标，对于孩子来说非常重要。在游戏式的环境中学习，不仅能让孩子愿意去做正确的事情，还能够通过这种方式获得快乐的体验，才不至于厌学。如果没有时间、没有精力、没有能力去如此陪伴孩子，父母可以怎么做呢？

神圣的读书会让我们分享知识

导读：读书会是与家人分享的好时光，具有一种神圣的仪式感，让我们从阅读中获得生活的意义。

关键词：读书会　阅读活动　家庭　贝贝熊

为了建立学习型家庭，我们一致通过一项决议：每晚 9 点举办家庭读书会，由某一位成员读书 10 分钟。读什么书，可由成员自行决定。

热情最高、执行力最强的 Bob 先生，最喜欢给我们读“贝贝熊”的故事。这是一套非常棒的绘本故事书，同时又是分级阅读的英文书（后面有英文原文），更是一套有关儿童成长、父母如何爱孩子的书，常读常新，趣味无限，意义非凡。

我用了好多很“高级”的词语来形容这套书，并不是说我肩负了推广这套书的商业目的，这确实是我发自内心的推荐。

Bob 爸有话说

当一件有意义的事情变成一个家庭活动之后，这对孩子来说本身就是一件有趣的事情。经过一段时间的实践，Bob 先生的阅读速度有所提升，阅读兴趣也有所提高。

［**爸妈再想想**］

读书会让读书变成一种活动，变成一个家庭的节目，变成一次心与心沟通的好时机。如果孩子不愿意读我们期望的好书，该怎么办呢？

作文不是你那样做就能写好的

导读：对于有些人来说，强烈的教子责任感会让他们指手画脚地用已经证明是失败的方法来教育子女，还不允许任何例外，否则他们就会拼命去维护这种责任感。

关键词：作文　责任感　写作　流水账

Bob 先生上小学三年级了，老师要求学习写作文。

于是，Bob 先生写了一篇作文，看上去像流水账，没有什么重点。在责任感的驱使下，妈妈就不断地纠正他：这个词用得不当，那个事情没有必要写……

我的耳朵听着，心里发慌，但一直鼓励自己：要忍着，要忍着……

不知道 Bob 先生心里怎么想。想来，他自然很爱自己的妈妈，自然会拿妈妈的要求和建议作为自己的行动指导方针。不这样又能如何呢？很多时候，对于孩子来说别无选择！

看上去，他的抗挫折能力比我想象的强，不过这仍然是一件令人害怕的事情：我认为，这是一种放弃自己学习和成长的信号，因为他不需要思考了，只希望你给他提意见，然后说改哪个词语就改哪个词语，说去掉哪句话就去掉哪句话。

Bob爸有话说

有时候，生活就是那么无助。看上去是一件小事情，你也能预见未来的不良后果，你却无能为力。

可能有的朋友会说，你是不是太矫情了，小题大做？

还真不是，为什么我会这么说呢？

首先，小孩子刚开始写作文，写不好很正常。如果在他们学习的过程中你不断去纠正，他们会感觉非常糟糕。我敢说，他们甚至都不知道你在说什么，只是变成了一个照搬的机械而已。

换位思考。如果你刚开始做一件事，有人给你指出一堆的问题。当然，指出问题是为了你好，但是如果他们用一种完美的标准来评价和要求你，除非你是智力超常、悟性很高的人，否则肯定会不高兴，肯定不可能马上就能学会，肯定是不愿意按照别人的意见去做的，甚至会拂袖而去。

其次，对孩子有要求我觉得很正常，但是事情不能只是停留在要求这一步上，而是要去培养他们的能力，对不对？比如，要想学好作文，你得学会把事情说清楚。要想说清楚，你得有一个正常的思维和系统的逻辑。有的人在语言思维能力方面有天赋，能很快做得很好，但是你不能以这种水平来要求所有的孩子，对不对？我们的父母和老师都很容易犯一个低级错误，总是拿水平很高的学生所能达到的高度作为榜样，让大家都去朝这个方向努力。可是具体怎么努力大家都知道吗？恐怕大多数师长都只是不断地比较，不断地提要求和不断地给出负面评价而已。

所以，何不从口头作文开始？何不从复述故事开始？何不从大量的话题探讨开始？如果连这一步都做不好，又怎能写好作文呢？！

今天的学习是为了未来的开花结果，而不是今天就要在学习上马上出彩，就要超越群伦，这是不可能的。这么一个简单的道理，绝大多数父母和老师却是不懂的啊！这不是懂不懂教育的问题，而是懂不懂人的问题。

所以，我们应该允许孩子暂时做不好，我们应该开始理清楚思路，开始培养他们相关的能力，减少无谓的作业时间，让他们有更多的时间去锻炼这些能力，他们在未来写好作文根本就不是什么问题。

何振老师说过，夫妻之间在教育问题上有分歧，就干脆让错误的一方去带孩子，等他们搞不定了你再接手。我很赞同这一点，但是这实在是一种煎熬，因为你明明看着他们在破坏孩子的学习兴趣、学习责任、学习能力，却要撒手不管。权当一次彼此的修行吧，希望他们能及早醒悟，还给孩子成长的空间，也希望我能够安心地面对这一切。

[爸妈再想想]

孩子开始学习新知识和新技能，必定会遇到一些意想不到的困难和挫折。如何应对学习中出现的问题？如何应对尚未入门、尚未把握这件事情精妙之处的孩子？这需要“只顾耕耘，静待花开”的心态。在“明知是错却要闭口忍耐”时，如何调整好自己的心态呢？

撒谎的作文会破坏生命的美好

导读：应试作文的危害在于，它注重了形式而忽略了生活和生命中最可贵的东西，就是求真。

关键词：作文　撒谎　求真　接纳　赞赏

有一次，Bob先生要写一篇作文，抓耳挠腮，不知所以。一问，原来要写的主题为“我学会了 ×××”。我说这有何难？有很多东西可以写。

他说，关键是老师要求了第一自然段写什么，第二自然段写什么……我建议他可以写写学象棋的事情，然后讨论了一下可以写些什么，他欣然去了。

就在刚才，他给我看了他的作文，与他之前的水平相比，写得更流畅，给人感觉就是一睹为快。我及时表扬了他的进步和我看到的美妙之处。可是让我内心感到恼怒的是，这篇作文为了应对老师对各自然段的要求，编了很多根本就不存在的事情，完全是撒谎！

虽然Bob先生的作文写得很好，但是我真的很害怕，这么小的孩子，要用固定的模式写出老师所需要的东西，这就是败坏的开始！当我看到很多家长为了这种错误的要求而威逼自己的孩子去迎合，看到很多家长为了所谓的高分，而放弃了对孩子纯真人性的尊重，我真的非常痛心！

Bob 爸有话说

我有种很无奈的感觉，回顾过去很长一段时间，我每天花的很多精力，其实都是在预防和纠正应试教育给孩子心灵成长所带来的伤害上。家庭要做孩子心灵的港湾，父母要做孩子心灵的导师，而应试教育的一些不好的方面，会让家庭变成孩子的另外一个教室，让父母变成另外一个以毁灭孩子天赋的方式索取成绩的应试制度帮凶。呜呼哀哉！

[**爸妈再想想**]

孩子的真、善、美对写作有什么帮助？假、大、空的东西对孩子的未来有什么败坏？是孩子未来的幸福人生重要，还是当下的考试分数重要？面对应试教育的一些错误引导，是顺从重要，还是有策略地应对更重要？

偶尔熬夜写作文我看挺好

导读：写作文不是练习写生字，写作文不是学语法，作文写的是真实的想法，写的是孩子目前水平下的思维和意思的呈现，这是了不起的训练过程，这更是高级的思维活动的记录，字词语法在这里只能算是雕虫小技。

关键词：作文　思考　进步　完善　自我要求

Bob 先生曾完成了一篇命题作文草稿，大意是让孩子充当一个导游，介绍一个景点。我花了一些时间跟他讨论有什么景点，如何介绍，他终于憋出了500字左右的东西。昨天老师要求把作文整理、誊写清楚，于是Bob先生就开始了他的“征途”。

没有想到，这家伙写了两个多小时才写完，硬是把500字的作文写出了1000多字，速度虽然慢点儿，完成时间虽然长点儿，还占用了一点儿睡觉时间，但我觉得这是一件好事情，我向他表达了我对他的成果和行为的欣赏。

Bob爸有话说

孩子那么晚才睡觉，会不会影响睡眠呢？当然会，但是不会摧毁他的身体。毕竟是偶尔为之，并且是在兴奋与快乐中完成的，我看不仅没有不良影响，而且还有好的影响。我记得周弘先生在女儿婷婷小的时候也曾经陪孩子学习到天亮，现在婷婷成长得多好啊！

孩子抄写作文花了那么长时间，为什么还要欣赏他呢？因为他找到了感觉，有了灵感，有很多有趣的想法正在通过文字的方式去呈现，这是多么可贵的自主学习精神啊！

我没有检查他的错别字，也压根儿没有想要去评点他写出来的东西。因为写作文不是练习写生字，写作文不是学语法，作文写的是真实的想法，写的是他目前水平下思维的组织结构和意思呈现，这是了不起的训练过程，这是更为高级的思维活动的记录，字词语法在这里只能算是雕虫小技。

我看到了Bob先生那种小孩子特有的学习精神和自我成长的实践，我真的应该小心保护它，而不要用老师的要求、考试的紧迫性来强迫他学习，否则，这些东西迟早会离他而去！

［**爸妈再想想**］

写作是高级的思维活动，写作是当下语言思维的结果呈现。每一个孩子都希望自己的努力能够开花结果，所以我们没有必要去“鸡蛋里挑骨头”，更重要的是顺势激励，让他们能够从中获得脑力劳动的精神奖励。如果孩子写的作文确实很糟糕，怎么办？

用纸条进行非暴力沟通

导读：珍惜孩子对父母善意的提醒，不是因为他说得对，而是因为这种行为很可贵。

关键词：沟通纸条　善意　表达　冲突

Bob 先生的妈妈在家的大多数时间都是在用手机看电视剧，这让孩子很恼火，于是他写了一张纸条。还有一张是我写给 Bob 妈妈的纸条，希望她能记得把鞋放好，Bob 先生也署上了他的名字。大概他也是有同样的意思想要表达吧。

纸条被 Bob 放到了妈妈的床头，期望她能够看到。

很喜欢 Bob 先生的这种非暴力沟通的行为，避免了随时随地表达不满和随时随地纠正别人的错误，可以有效避免当面冲突，赞一个！

Bob 爸有话说

希望妈妈重视孩子的建议，并不是因为这些建议很对，而是因为这样的行为很可贵。孩子能够想办法捍卫规则，那还用担心他会轻易打破规则的底线而变成一个令人头疼的孩子吗？这是我们挖空心思都想要培养的觉察力呀！

[爸妈再想想]

在生活中，我们总是会努力，以便事态向好的方面发展。用好的方式方法去争取，是一个人做事水平的体现，是处事智慧的体现。用纸条沟通就是一种非常好的沟通方式。没有语言暴力，没有咄咄逼人的压力，甚至会让人感觉是一种美好的交流。如果这样的沟通无效，是否应该回归到施压的暴力沟通模式呢？

第五章

在“玩”中窥见他们的小心思

自我意识觉醒与发展是孩子成长中的重要课题，也是“情商”的最重要组成部分。孩子很难通过一次简单的培训就能获得真正意义的成长，家长需要在多元的生活中发现契机，适时帮助孩子构建这种心理能力。

缺少玩伴所以更加想念

导读：现在的孩子很孤独，生活中缺少玩伴。这是一个被很多人熟视无睹的问题，很多父母从来没有想过这个问题，即便想到也很少会采取行动。

关键词：玩伴　思念　担心　奖赏

我的单位离家有10公里远，经常会有一些临时活动安排，要晚上八九点钟才能到家。有时当天有事回家晚了，Bob先生会担心我不回来。

我问："想爸爸了？"

他说不是想爸爸了，是想和爸爸玩。我想，这有什么不一样呢？真是爸爸的好孩子，还想得那么具体！这是对爸爸很好的奖赏啊！

Bob 爸有话说

现在的孩子很孤独，生活中缺少玩伴。这是一个被很多人熟视无睹的问题，很多父母从来没有想过这个问题，即便想到也很少会采取行动。当然，各家都有各家的苦衷，我孩子的苦衷谁人能解呢？只好做爸爸的来解了，我一定要做一个对得起孩子期盼的好爸爸！

［**爸妈再想想**］

父母要在生活中去学会发现孩子的正当需求。只有当正当需求得到合理满足，孩子才会感受到真正的爱，才会内心充实地活在当下。当孩子提出父母不愿意应允的要求时，父母应该如何应对呢？

让人敬佩的客观自评

导读：孩子能够客观地评价自己，不必为了某种功利的需求而有失偏颇，对此我深感欣慰。

关键词：自评　纪律　表现　自我认同　造假

Bob 先生在西城区一所非常普通的小学上学，他的妈妈、姥姥都曾经是这所学校的学生。有一天，他从学校拿回一张自评表，里面有很多关于纪律、学习和生活方面的自评项目。令人敬佩的是，他很客观地评价了自己的各个项目，丝毫不打算妄自好评。

这件事情让我心里五味杂陈。一方面，让孩子通过自评来发现自己的优点，认识自己的不足，这种方式非常可取，对孩子很有帮助；另一方面，在应试教育功利导向的今天，会不会有父母看了这张表，而忽视孩子的优点，强化孩子的缺点，希望借机再给孩子一个深刻的教训呢？会不会有父母教会孩子只说自己的优点，掩盖自己的不足，而争取获得学校的好评呢？

想到这里，我深深地为Bob先生的行为感到欣慰，因为他的爸爸如他一样客观，同时也不打算借此机会给他一些什么教导。接纳自己远比有失偏颇更值得尊敬，何况这也不是生死大事，不必造假。

Bob爸有话说

父母能够坦然接受孩子的现状，孩子就能坦然地面对自己的问题。父母的要求过高，孩子就会为了迎合父母的要求而弄虚作假，甚至撒谎。并不是说这样的孩子品行不良，而是说父母的不良态度会造就弄虚作假的孩子。非常值得庆幸的是，Bob先生可以做到客观地评价自己的表现，这能真正有助于他的进步。

［爸妈再想想］

让孩子学会真实地面对世界，远比自欺欺人更可贵。如何看待孩子的表现与学校的高标准、严要求之间的差距？

寻求超级育儿师的帮助来解决成长困惑

导读：从现实来看，孩子需要从“他律”开始，然后才能真正过渡到“自律”的境界。

关键词：超级育儿师　追电视剧　规则　安全感　自控

每个周末的午餐时间，Bob先生喜欢和我们一起看《超级育儿师》。他和我一样，对兰海佩服得不得了，和我不同的是，他还希望兰海也来我家。

我问：“你有什么问题需要帮助？”

他说：“我有时候学习的时候想玩，控制不住自己，想请她来指导一下。”

多好的孩子啊，能够认识到自己的不足，还会想办法解决！孩子的这句话同时也提醒了我们，家庭缺失一些行动的准则，会让他有空可钻。当然，他也意识到这样的行为不好，只是不能从根本上解决问题，所以迫使他开始思考如何去解决。

规则的确会给人安全感，希望全家人都要努力达成一致，尽早形成家规才好。

Bob爸有话说

了解自己的现状，发现自己的不足，想办法去解决问题，能做到这一点的孩子的确不多，这是我对Bob先生的高度评价。同时，我也在反思，恐怕我们对孩子“放养”太多，导致孩子对自己的评价不高。从现实来看，他需要从“他律”开始，然后才能真正过渡到“自律”的境界。该尽快制定家规了！

［**爸妈再想想**］

多元的生活方式和广泛的信息接触，给孩子带来更多的思考和启迪。当孩子内省自己的缺失时，学会寻找解决方案是一种了不起的意识和能力。对孩子有一些基本的规则和要求，会给孩子带来行为和心灵的限制，还是带来规则内的最大自由？

故事中的换位思考和同理心

导读：每一个人看世界的角度都不尽相同，很多人却从来没有想过。

关键词：故事　分享阅读　“贝贝熊”讨论　换位思考

每天晚上 9 点，是我们家的读书会，每一个人都要分享自己阅读到的美文或观点。一次，Bob 先生给我们阅读了“贝贝熊”之《凌乱的房间》。

故事里面讲到，小熊哥哥和小熊妹妹有很多玩具，凌乱地放在房间里。对这些玩具，孩子和熊妈妈的看法完全不一致。我就问 Bob 先生：“这些玩具对于孩子来说是什么？”他回答说是宝贝。

“这些玩具对于熊妈妈来说是什么？”

他回答说是垃圾。

我问：“为什么他们的看法那么不同?”他不知道怎么回答，我说：他们都在各自的世界，用自己的视角在看同一件事情。

不知道他是否理解，至少他非常清楚地思考了一个问题：一个玩具，对于孩子来说是宝贝；对于父母来说，可能并不是这样。有这样的思考，已经不错了，我很欣慰。

有的孩子早早就明白，有很多人一生都不明白：在一起生活的人，为什么那么不可理喻。我希望我的孩子早一点儿意识到这个问题，那么就会在未来的生活中早一点儿开窍，不要那么刻板。

说到《凌乱的房间》这个故事，让我想起 Bob 先生这段时间的一个变化。

Bob 先生在满 8 岁之后的某一天，突然就喜欢起收拾自己的房间了。虽然东西还是过多，但是我相信他的房间是我们家最整洁的——他甚至在上床之前都会把自己的拖鞋摆放整齐，把椅子摆放整齐。这在以前是难以想象的。

我问他：“是什么事情让你突然很认真地收拾房间，收拾自己的玩具和写字桌了？如果我没有记错，之前你的桌子是最乱的。”

他说：“我实在忍无可忍了。我不能忍受我整天生活在垃圾堆里。”

Bob 爸有话说

这算是懒妈妈胜过好老师的效果吗？我觉得是。但是同时感到很幸运，因为我知道，懒妈妈会培养两种孩子：一种是异常勤快的孩子，和懒妈妈风格截然相反，这是一帮可以改变自己命运的孩子；还有一种就是比懒妈妈更懒的孩子，因为他们自然而然习得妈妈的习惯。

我不禁出了点儿冷汗：要是 Bob 先生是后者，他未来将会怎样？看来懒妈妈也不是那么好当的。

［爸妈再想想］

每一个人都可以通过阅读来了解别人对某件事情的看法，还能从中了解某种做法的过程和可能会遇到的问题，以及相应的解决方案。对于父母来说，很多事情是已经有了直接经验的，为什么孩子并不愿意直接采纳呢？

我爱你是我的事情，你是否爱我是你的事情

导读：学会送礼物，经常性地送礼物，是表达爱的五种行为语言之一，是情感传递的很好时机。

关键词：母亲节礼物　购物　爱的表达　责任承担

一次，Bob 先生偷偷跟我约时间去买母亲节的礼物。当然，他免不了还要为自己打算一下，总是要买一个他想要的东西才行。不过也无所谓了，反正他自己出钱，买什么东西我可以发表意见，但是我绝不干涉，否则就失去了给孩子零花钱的意义。

后来，他还是忍不住跟妈妈说了，我们要去给她买礼物，甚至还说了礼物的内容——一盒彩色笔。因为 Bob 妈妈经常在外面带儿童美术课程，总是要画很多好看的画。妈妈说：“好啊，我要 36 色的。”

到了小商品城，营业员拿来了很多彩色笔，我建议 Bob 先生不要买圆筒装的，因为太占地方。他同意了这个建议，但是他只买了 24 色的，因为他觉得 36 色有点儿贵。

这孩子真是越来越抠门了。

然后他说要买一个教鞭送给老师。

我说：“好啊，正好你送老师教鞭的时候把她没收你的书要回来。”

Bob 先生断然否定了我的想法，说：“送老师教鞭是我自愿的事情，不是为了拿去交换。”

我有些自惭，同时也很高兴，想不到 Bob 先生已经学会了“我爱你是我的事情，你是否爱我是你的事情”这个概念，真是了不起。

他买了一支带激光灯的教鞭，还有一个漂亮的铁盒子，非常高级。回家后他兴奋地跟妈妈说：我给老师买了一个“互联网时代”的教鞭，比她以前的教鞭高级多了。

另外，在回家的路上，我说要不要给妈妈买一枝花，他说：“那你出一半的钱。”

我说：“一枝花也不贵。”

他说：“不贵你也要出一半的钱。”

我说：“你妈又不是我妈。”

他说：“我妈你也应该送她。”

……

说着说着，竟然到家了，错过了买花。

Bob 爸有话说

没买成花，就没买吧，别纠结太多也是一种很不错的态度。

Bob 先生“很小气，斤斤计较”，但是我喜欢他的“斤斤计较”，因为只有如此，他才会有计划地使用金钱，有节制地花钱。

我每周给他 5 元零花钱，是让他不必为了一些微不足道的小需求而天天缠着父母，还要看父母的脸色行事——他可以有尊严地计划和采购自己所需。

孩子越来越大了，越来越有自己的主张和看法了，我非常欣慰，也越发爱他的一切。

［**爸妈再想想**］

爱是不需要附加条件的，也不是用金钱可以衡量的。如果孩子已经学会了用金钱来衡量爱，问题出在哪里？

善意的不提醒让我感受孩子的美丽心灵

导读：孩子有时候无法自控是很正常的。大人不要拿着行为道德规范去要求孩子，自己却一点儿理解力和宽容心都没有。

关键词：音乐会　宽容　慈悲　自控　边界

Bob 先生是学校民乐团的唢呐手，还是合唱团的成员。他现在很喜欢音乐，我们经常一起去听音乐会。一天上午陪孩子听音乐会时，后座有个小孩不停地踢我的椅子背，我对那个孩子说：“请你不要踢了。”

Bob 先生对我说：“你不应该对他说这个。”

我说：“我提醒他一下还是可以的吧？”

他说：“不好。”

我说：“好吧，不说。”

很快，那个孩子的妈妈阻止了他继续踢椅子。

Bob 爸有话说

我很感谢 Bob 先生的提醒，他一定知道自己很多时候也控制不住自己，也很不喜欢别人的纠正。可能你会想，不踢椅子是基本的行为规范，不说孩子怎么会知道？

有道理，不过我仍然很感谢 Bob 先生的提醒，因为他在告诉我，孩子的感受是多么重要。

［**爸妈再想想**］

规则对于孩子来说非常重要，但是规则的要求只能是在一定的范围内进行，如班级的规则只能约定班级的学生，家庭的规则只能约定家庭的成员。我们所奉行的规则，不容易也不可能让范围之外的人去执行。如果看到有人做了不讲公德的事情，我们是否应该去告知？

一个好老师带给孩子的尊重

导读：很多孩子厌学是因为讨厌老师。如果讨厌学科老师，那么这个学科就学不好。如果讨厌班主任，恐怕就是不想上学了。

关键词：班主任　接纳　宽容　爱　教育

有一天，Bob 先生的水杯被同学弄坏了，这位同学的妈妈给我打电话，说要赔一个新的，我说家里还有呢，不用了。对方坚持要赔，我也只好作罢，恭敬不如从命。再怎么客气也不应该把别人表达歉意的机会给客气掉，这对彼此来说都很重要。

第二天，Bob先生拿到了新的水杯，很兴奋，马上就跑出教室去接水。不过他刚起身飞奔的瞬间，马上就后悔了，因为班主任还在教室呢，怎么能说走就走呢？小孩子总是想做什么就恨不得马上去做，他的后悔跟不上他的行动，这一点很像《窗边的小豆豆》里的小豆豆。

在这万分纠结的瞬间，班主任说了一句：“新杯子记得要洗了才能接水！”

很简单的一句话，让Bob先生大为感动。因为他知道自己做错了，不应该这个时候去做这件事情，但是班主任并没有责怪他，没有找他谈话，也没有请他站在那里，而仅仅是善意地提醒了他一句。

Bob先生说到这里，我都看到了他的眼里闪烁着泪花。多好的孩子啊，能够体会到老师的好，能够说出老师的好，能够为老师的善意而感动。怎么能说他是一个调皮的孩子呢？

当然，他确实是一个调皮的孩子，但这并不影响他对善意的感受。我对Bob先生说：“这个老师还真是了不起，能够有如此的胸怀。”他就滔滔不绝地跟我说，老师的书桌上还有苏霍姆林斯基（我经常跟Bob先生讲苏霍姆林斯基的教育）、叶圣陶的书呢。我说，如果一个老师真的能够用心拜读苏霍姆林斯基的书，那就更是了不起了。

Bob爸有话说

我相信Bob先生仍然会犯一些小错误，但是他会越来越在乎班主任的感受，他不会因为不满班主任的做法而故意不听班主任的教导。所以，Bob先生的生命会因为一种感动而发生变化，这种变化并不是说他就会比有的乖孩子表现更好，但是一定是比他自己不改变的情况更好。

这让我想起很多所谓的问题孩子，最初他们也是担心自己做错，渴望改正。或者他们真的努力了，却没有被珍视，反而被高标准和严要求给气坏了，发誓绝不做你们期望他成为的人。这就是让一个孩子放弃自己、关上心扉的开始。更麻烦的是，当一个孩子习惯性地反对、习惯性地否定形成真正的习惯之后，虽然能把老师或者家长带来的伤害屏蔽，但是确实也会屏蔽掉更多好的东西，以及对他们前程事关紧要的好意。

我们要忽视孩子的一些错误，拿着放大镜去看他们的优点。对他们的生命来说，这样的做法体现了爱和尊重。根据马斯洛的需求动机学说，只有在体会到爱和尊重的前提下，他们才会真正去做一个优秀的自己。

仔细想来，遇到一个不简单以对错来评价孩子、不以自己的好恶而轻易伤害孩子的老师，真的应该庆幸。特别是对于经常犯一些小错误的Bob先生来说，这简直就是恩师！

想到这里，我不禁为Bob先生的幸运感到由衷的满足。因为他不仅有了一个好爸爸，现在还有了一位了不起的好老师，这对他的生命来说是多么的重要啊。当然，遇到好老师有点儿可遇而不可求，但是他有个好爸爸却是他一生注定的幸运喽。

［爸妈再想想］

教育者更应该关注孩子精神世界的需求，无论是老师还是父母。如果孩子遇到一位不怎么关注教育本质问题的老师，该怎么办呢？

每一个人的不同生活态度

导读：每一个人都如此不同，这不是一个观点，而是一个事实，可惜很多父母都看不到这一点，总觉得自己的孩子必须和天下优秀的学生一样，否则就会被贴上不爱学习、懒惰贪玩的标签。

关键词：班主任　不同的生活态度

最近，Bob 先生总是跟我提起他的班主任。

有一天早上，他跟我说，班主任老师很少用科技产品，她只做几件事情：

（1）用手机打电话；

（2）用手机发短信；

（3）用电脑做 PPT。

除此之外，班主任老师大多数时间在读书。

这几句话让我思绪万千，我总结一下：

（1）班主任老师很喜欢读书；

（2）班主任老师没有跟孩子讲什么道理；

（3）班主任老师分享了自己的生活；

（4）孩子受到班主任老师生活态度的影响；

（5）班主任老师正在成为孩子的榜样；

（6）孩子能够从不同的人身上识别出不同生活态度的意义。

这让我想起有天晚上，Bob 先生睡觉前跟我的谈话。

Bob:“你还要工作和看书吗?”（通常我都会在 Bob 先生睡觉后做些什么。）

我：“今天不工作了，今天在单位讲课，回来已经不早了。”

Bob:“你不是喜欢工作吗？”

我：“我愿意花时间研究我愿意做的事情。”

Bob:“那我妈回来怎么不工作，不研究事情？”

我：“每一个人要做的事情都不一样。”

Bob 爸有话说

孩子开始发现生活的不同以及人与人之间的不同想法和行为特征，这是一种新思维的开始。我想这也是真正自主地去换位思考的开始。珍视孩子对这种不同的发现和接纳，远比评价好坏对错更重要。

［**爸妈再想想**］

有些父母之间总是不断地较劲儿，都是为了一些小事情希望被对方认同。其实，和而不同才是人与人之间关系的最好状态，尽早让孩子明白这一点非常重要。如果孩子总是在一些事情上斤斤计较，胁迫父母满足他们所有的要求，该怎么办？

第六章

孩子的兴趣和品格不是一天形成的

每一个孩子都要有一项核心能力，这是他们应对未知世界挑战的基石，也是他们存在意义的重要体现。如何及时发现孩子的天才，在家庭中创设环境并适时引导，把他们的兴趣变成他们的核心能力，这需要父母坚持用正确的方式做正确的事情，才能真正有效地帮助到他们。

恐龙时代与深度探索

导读：有事情可做，有很多有意思的事情可以快乐地去做，这是孩子天生具有的学习能力的外在表现。

关键词：恐龙　景山　BBC 光盘　角色扮演

有一次，姥姥带 Bob 先生去景山公园看恐龙展。他在大厅里看介绍恐龙的视频上瘾了，连续看了好几遍。从此之后，恐龙就走进了他的生活。

妈妈给他买了 4 本有关恐龙的书，他都爱不释手。妈妈又给他买了一套 BBC 出的恐龙知识光盘，有一段时间他天天都看。现在 Bob 先生了解的恐龙的名字及其习性比我还多。虽然我也看，但是我已经失去了探索的欲望，毫无兴趣。

开始探究恐龙之后，Bob 先生基本了解了三叠纪、侏罗纪，以及 6 500 万年前的那次小行星撞击地球事件。他弄清楚了火山爆发、森林大火以及食物链的关系。直到今天，他还不断地追问：地球表面是什么？表面下面又是什么？下面的下面是什么？直到让我无以应对为止。与此有关联的问题还有，小行星撞击地球与原子弹爆炸的威力相比，哪个更厉害一些？

Bob 先生迷恋上恐龙后，他就总以“霸王龙”自居。在家里，在公园里，全是“霸王龙”的叫声，还时不时地“攻击”别人，怎么提醒都没用。我担心他在幼儿园里也会如此，老师肯定会头痛，小朋友们恐怕也不愿意搭理他。他要额外承受一些挫折看来是在所难免了。

那段时间，他只要在家，都是做与恐龙有关的事情。不是在拼恐龙拼图，就是在看关于恐龙的书，要不就是在摆弄恐龙模型，或者让左手的恐龙与右手的恐龙打架，颇有周伯通双手互搏之意，甚至上厕所坐马桶也必须看一本恐龙的书。

当然，我在家的时候也没闲着，充分满足他希望“与龙共舞”的需求，每天和他玩恐龙对战的游戏，或者用恐龙模型来玩角色扮演游戏。

恐龙模型角色扮演游戏

Bob 先生有一个小的书桌，铺了一张世界地图，然后在上面覆了一层透明的塑料桌布。我拿起一只异特龙，从南美洲出发，说：“今天有点儿时间，我想去中国看看。但是怎么过去呢?”

这时候有一只蛇颈龙游了过来，它跟我打了一个招呼：“Hello, what's your name? My name is Shejing Long. How old are you? I'm four…”这样，蛇颈龙就成了我的好朋友。

“你能带我去中国吗?”

“没问题。”蛇颈龙让我上了它的背，带着我穿越太平洋，游到了中国。

我上岸后，看到一只长脖龙（是一只长颈鹿的塑胶玩具，Bob 先生把它命名为长脖龙），走过去跟它打了一个招呼：“What's your name? Where are you from?”然后我告诉这只长脖龙说：“我很饿，你是我的好朋友，就让我吃了你吧……”

恐龙对战游戏

这个游戏是在床上进行的，因为我总扮演植食性恐龙，必须用四肢走路。而 Bob 先生不断地变成各种肉食性恐龙，想来吃我。但是，要知道植食性恐龙都有对付肉食恐龙的绝招。于是，战斗开始了……

通常，最精彩的是，Bob 先生扮演小型肉食恐龙，我就告诉他：“你个子太小，我不怕你。”他就说他找了 10 只同类恐龙来抓捕我，于是，第一只肉食恐龙被我用尾巴打翻在地……第二只肉食恐龙被我用身子撞翻了……不好，第三只恐龙咬了我一口，我的身子开始流血……第四只恐龙扑了一个空……最终我死了。

对这种游戏他乐此不疲，我实在熬不住了，就拿一个海洋球说，小行星从外太空飞过来了，马上要撞击地球了。“轰……”，所有恐龙都在这次事故中死了。

于是，他躺在床上不动了。转眼间过了 6 500 万年，我变成了一个古生物学家。我发现这块地方有很多白垩纪的化石，猜想一定有恐龙化石。于是，我就开始找啊找，终于找到一根恐龙的后肢……最终，我挖出了整只恐龙，我把恐龙的化石运送到博物馆……

现在我是博物馆的管理员，正在给一群来自日本北海道的小学生讲这只恐龙的情况，以及灭绝前它正在做的事情。讲解完后，博物馆关门了。深夜，这只恐龙化石活过来了，开始到处游走……

新的故事又开始了，讲都讲不完……

Bob 爸有话说

每一个孩子都会有一个阶段，对自然科学的内容感兴趣。把握好孩子的兴趣，顺势引导，让他们在喜欢的领域进行深度的探究，不仅可以学会学习的方法，也能为未来的学科学习打下良好的基础。

在一个领域进行深度探索，有利有弊：

利：

（1）有事情可做，对很多有意思的事情可以充满兴趣地去做，这是孩子天生具有的学习能力的外在表现。他觉得生活太有意思了，觉得时间都不够用，每天都急切地等待着自由活动时间，然后痛快淋漓地沉醉其中。

（2）由此引发的知识积累，比如了解地球的时代划分、各时代动植物的发展情况等。

（3）求知欲。因为想要了解，所以才会去了解。

（4）自信心。Bob 先生告诉我，班里还有两个小朋友比较喜欢恐龙，但是都没有他知道得多。

（5）养成专注的能力。

（6）顺应成长需求而产生的兴趣爱好，符合蒙台梭利的教育精神：在敏感期（身心发展需求时期）专注于工作需求的充分满足。

弊：

（1）沉溺在他个人的世界而不能自拔，容易忽略其他人的感受。

（2）孩子天生就热爱学习，只是在被教育的过程中，学习的意愿变得越来越弱，学习的目标变得越来越功利，最后导致孩子厌恶所谓的“学习”。这是所有父母都需要反思和警醒的问题。

［**爸妈再想想**］

现在的孩子普遍缺少玩伴，孩子因此备感孤独。经常陪伴孩子玩耍，对于孩子来说意味着什么？大多数情况下，儿童是通过什么方式来进行自我学习的？

这样帮助孩子突破乐器学习的“瓶颈”

导读：父母要帮助孩子克服学习过程中遇到的各种困难，比如找不到感觉，不知道如何才能有效地学习，只有这样才能真正帮助他们走出困境。

关键词：乐器学习　“瓶颈”练习　自信　成就感　唢呐

Bob 先生学唢呐有 3 年多的时间了。在此期间，我很少陪伴他练习唢呐。他经常是百般不情愿地去练习一下，导致他的演奏水平滞后于同期学习的其他小朋友。

在他三年级的寒假期间，我花了一天的时间陪伴他，分为 3 个时间段反复练习一首简单优美的曲子。当天练习结束的时候，他做到了熟练地吹奏，效果不错，感觉良好。

自此之后，他真正喜欢上吹奏唢呐这件事情，每天主动邀请我陪伴他一起练习新的曲目。不仅如此，他还开始主动“玩”没学过但熟悉的其他曲目，甚至用唢呐吹合唱团的曲目。

Bob 爸有话说

让孩子喜欢音乐，学以致用地玩音乐，生活从此有了意义，乐器演奏——作为他的一项核心竞争力，从此开始构建。更重要的是在系统学习一件事情的过程中，经历艰辛和难以言表的成功之后所带来的高峰体验。

［**爸妈再想想**］

当孩子掌握了某项技术，突破了学习的“瓶颈”，学习就会变得简单轻松。孩子一旦通过努力而获得了这种成就，即便微不足道，也能从中获得巨大的精神奖励，并逐渐产生兴趣和学习自信。如何才能让孩子的这种自信泛化到其他学科？

真实的需求是学习的最佳时机

导读：既然孩子如此痴迷，废寝忘食，劝都劝不住，那就随他去吧，或许这真的是他一生的使命呢。

关键词：音乐　五线谱　民乐团　合唱团　废寝忘食地学习

Bob 先生所在的小学有合唱团和民乐团。他是合唱团成员，同时又是民乐团的唢呐演奏者。据合唱团的老师说，这个孩子是真心喜欢有关音乐的一切，不仅仅是合唱。对此，我颇有异议，认为他参加的活动太多了，会导致玩耍的时间减少。可是他一点儿也不听劝告，废寝忘食地学习，甚至在很长一段时间内，我们之间交流最多的话题就是音乐。

最近合唱团要求学识五线谱，今天上床后他非要看“小汤”（一种儿童钢琴入门的教材）学五线谱，一边看谱一边唱一边打拍子。既然他喜欢，劝都劝不住，就随他去吧。或许这就是别人说的那种，“无论如何都要做的事情”，可以称之为“使命”的东西。

Bob 爸有话说

自从Bob先生在唢呐演奏方面突破“瓶颈”以来，他对音乐的热爱与日俱增，已经到了痴迷狂热的程度，称之为“音乐创作发烧友”一点儿都不为过。尽管他现在的水平还不高，能力还不强，但这又何妨？他正在成长的路上。

［**爸妈再想想**］

很多父母喜欢用结果来评价孩子努力的价值。其实孩子努力的趋势、努力的行为本身更值得赞赏，也更能给彼此带来快乐的体验。如果孩子总是把更多的时间花费在一件事情上：会对睡眠、学习精力产生影响，该如何平衡这种关系呢？

我和 Bob 先生的下午茶不谈学习

导读：有意义的生活不仅建构在梦想上，更多的是需要现实世界的生活的填充。让生活丰富起来，多元起来，能够减轻孩子的学习压力，让他们得到真正的放松，这样才能有更好的精力去应对有挑战的学习。

关键词：下午茶　聊天　亲子美好时光

说起来惭愧，我经常周末加班。即便没有加班，也会在家里干一些工作上的事情。总之，就是会把工作带到家里，无法完全专心地陪伴家人。

虽说如此，并不代表我什么都没有做。比如，最近这段时间，周日下午和Bob先生一起喝下午茶，几乎成为常态。

可能有的人会说，周末多好的时光，去外面走走不好？当然好。不过要看北京的天气如何。无论如何，出去是一种选择，在家待着聊天也是一种选择，没有最好，只要你喜欢。有很多家长总是纠结于一些微不足道的事情，比如怎么做更好，怎么做不会错失机会，等等。其实，你从一生的长度来看，很多事情都是微不足道的。

前两天看了一则新闻，说一个民国的名媛现在在美国，100岁以上的高龄了，人家问她健康之道，她说想吃多少奶油就吃多少奶油，不要纠结。我倒不是说一定要放纵自己，对于任何事情来说，客观（所谓的科学）和主观（我们的心理）都会同时起作用，有时候你很难说清楚哪个更重要。

有时下午茶是一壶水果茶，由我亲自制作。有时下午茶是茉莉花茶，总之都要突出一个香字，惬意美好即可。

下午茶时间，不谈学习，不谈计划安排，想到哪里谈到哪里。就一件事情细细道来，不讲究效率，也不讲究有用，只要有话说就可以。

在Bob先生的提议下，我们听了几首巴洛克风格的音乐。记得几个月前的一次下午茶，我们听了多个版本的《命运》交响曲，结果这家伙就迷上了交响乐，天天拿着五线谱本自己作曲，甚至有段时间拿到学校写，我怀疑他上课的时候可能都会偷偷写上几个小节。

喝了不到两小时，Bob先生坐不住了，想练习唢呐，于是我就打节拍，他练习新曲目《塔塔尔舞曲》，一个下午练了几十个小节。我说打住，不能练太多了。虽然他很不情愿，但还是听我的了。

最近他的唢呐老师指出他吹奏时的问题，让他很信服。而这些问题我早已跟他指出过，他不是很愿意听。有时候真的是这样，问题出来了，作为父母我也能看清，但是不一定能真正解决问题。当事情到了一个时机，总会有转机，至于早一点晚一点，就不能强求了。

之后，我们玩了一会儿乒乓球，然后他去抄写作文稿。我看他之前抄作文稿的速度之慢，也不知道他着急不着急。我给他一个建议，请他每次看一句话，然后再凭瞬间记忆抄写到新本子上，不要一个字一个词地抄写。这样速度快一点儿，我还等着他跟我玩“三国杀”呢！

Bob 爸有话说

下午茶虽然美好，孩子还是忍不住要去完成他的工作——练琴、完成作业。从内心来说，我真心希望他能够放下这些东西，享受一下百无聊赖的日子。后来想想，这样的想法或许只是我才有，孩子正处于自我发展的重要阶段，他很明确自己的主要任务是什么，他要尽力发展自己的生存能力，以便能够很好地应对挑战。

如此看来，下午茶好是好，但每一个人心中的下午茶时光代表的意义不尽相同。

[爸妈再想想]

为什么不要在下午茶时间谈论学习呢？

电脑游戏带给我们的亲子时光

导读：家长担心的往往不是玩游戏，而是担心学习成绩和视力。

关键词：小游戏　儿童频道　网瘾　时间管理　近视　自控

Bob 先生聪明伶俐，喜欢新奇的东西。最近这段时间，他会在每天晚上对我说：“爸爸，咱俩玩几个电脑游戏吧！”

然后我会欣然同意，打开电脑，访问腾讯的儿童频道，玩一会儿Flash小游戏。这已经成为一个相对比较固定的活动，虽然我曾经也有些许担心。

“这会不会就是传说中的网瘾呢？长此以往，孩子会不会迷恋电脑游戏而不再关注生活中的其他事情呢？”有时候我会这么想。

事实证明，我们每天固定玩3个小游戏，每个小游戏玩3遍，大约用时20分钟。玩完后，虽然他还是有些不甘心结束游戏，但是他能做到不吵不闹，并期盼第二天的同一时刻。多么通情达理的孩子啊！

Bob爸有话说

后来我发现，大家担心的不是“上网玩游戏”这件事情，而是担心上网玩游戏耽误了正常的生活和学习。可是，在当今社会，孩子不可能远离电脑和网络，成为一个当代的“文盲”啊！互联网和电脑作为20世纪最伟大的发明之一，目前它对人们生活和工作的影响越来越大，几乎到了“无处不在，无所不能”的程度。父母即便有所担心，也不应该、更不可能全面禁止孩子接触网络、接触电脑。我们只有通过一定的引导，来帮助孩子正确使用电脑和网络，让它们为生活添加色彩。

另外，父母与孩子一起参加一些活动，能促进亲子关系的发展。只有当孩子及早地体会到活动过程给自己带来的美好体验，那么他们迷恋的将不仅仅是活动的形式和内容，而是活动的过程和感受。Bob先生让我跟他一起玩游戏，这给他带来的真正的美好感受是：“和爸爸一起玩几个电脑游戏。”

尽早让孩子接触电脑和网络，和孩子一起探索游戏的乐趣和电脑的操作方法，在培养孩子的兴趣、开拓孩子的思维的同时，还能尽早让孩子对世人谈虎色变的“电脑、网络”产生脱敏的效果，学会坦然面对。

父母与孩子玩游戏，可以在这个过程中培养孩子的一些能力。比如我总是这样跟孩子说：“好啊，那咱们今天玩3个游戏吧。”这样，不仅孩子的合理愿望得到了满足，他还能学会目标确定（3个游戏），学会一些操作技能，了解游戏的规则，同时让孩子遵守约定的教育过程也实现了。何乐而不为？

关于近视的问题，我有很多观察。长时间看电脑屏幕，肯定会导致近视，但是这个问题不是因为看屏幕造成的，关键问题在于“长时间”。比如长时间写作业、长时间看电视、长时间阅读、长时间弹琴，都会导致一定程度的近视。

［**爸妈再想想**］

电脑游戏和手机游戏是一把双刃剑，父母不可能禁止孩子接触这些，而应该关注如何让这把“剑”在正确的方面发挥更好的作用。在养育孩子的过程中，电脑游戏能给予孩子哪些父母给不了的东西呢？

这也能玩半天，真是服了

导读：这件事情，能让孩子觉得自己可以让爸爸快乐！我相信，让别人快乐，自己会更快乐。

关键词：游戏　体力　能力　互动　亲子

Bob先生要上学前班了，为此妈妈在宜家家居给他买了一个小书桌，还有一把带脚轮的椅子。椅子稍微有点儿高，Bob先生坐着不太方便，但它却是一个有意思的游戏道具。

这天，我坐上椅子，跟他说，咱俩玩一个开车的游戏吧，你来推，我假装坐车。当出租汽车司机可是他之前的梦想之一，他很高兴地答应了，然后问我想去哪里，我说你就推我去客厅吧。于是，我坐在椅子上，他推着我去了客厅。中途要路过一个比较窄一点儿的过道，椅子方向不太好控制，容易偏向一边，他很费劲地调整方向，最终还是把我送到目的地了。

这个游戏玩了好几遍，我俩才罢手。

Bob爸有话说

这个游戏有什么意思？且听我说。

这个游戏是一个互动游戏，比孩子自己玩某个游戏更有意思。我也喜欢让孩子自主地做一些他喜欢的事情，并且绝不轻易打扰，我相信孩子能不能专注地做一件事情肯定与此有关。但是，我仍然能够感觉到孩子更喜欢玩互动游戏。事实上，人际交往、恋爱，这些人类永远不能缺失的行为都是一种互动游戏，目前还没有什么可以取代。

这是一个亲子游戏，是孩子与家人一起玩的游戏。当孩子把我推送到目的地的时候，他会不会感受到自己的价值和力量？是的，我相信他会发现自己更多的价值，认为自己能做更多的事情。而且，这件事情让他觉得自己可以让爸爸变得快乐！我相信，让别人快乐，自己才会快乐，这不仅是一个道理，而且是一种天性。如果他能早日明白这个道理，以后处理事情是不是就比较容易一点儿了呢？

这是一个消耗体力的游戏，可以让他发泄精力。男孩子精力旺盛，心理负担少，需要探索的事情很多。上天如此安排，一定是希望男孩子尽快掌握世界的一般规律，早日学会独立的能力。

这是一个有技术含量的游戏。推椅子，显然不如推车子容易调整方向，他要学会保持平衡，找对用力的地方。我想，这种技术活很难通过某种教具或者锻炼的方式实现。生活中处处都是教育，处处都是成长的机会。如果我们现在不给他们这个机会，恐怕长大了，连饭送到嘴边他都会觉得吃着麻烦。

这是生活意义的一次体验。其实我想说的是，这是一个时光流逝的过程，这个过程就是成长的经历，就是生活的经历，就是生命的某种表现形式。这个力量比我们所谓的教育来得自然，具有无穷的魅力，作用力更强！

[爸妈再想想]

游戏是孩子最重要的学习方式。对于孩子来说，游戏物品的价值重要，还是游戏本身的乐趣更重要？

非同寻常的长途骑行

导读：运动是最好的信仰，它让你获得一种精神状态，让你永远知道自己还有什么事情可做，让你始终感知自己的存在和进步的价值。

关键词：骑行　拓展　舒适度　目标参照物　跟进坚持

我不擅长运动，生活中很少有什么运动的计划，但并不代表我什么都不做。关注亲子骑行，源自一个机缘，宋怀烈先生的一位淄博的好友孙先生，在儿子 8 岁的时候带孩子骑行了 800 多公里，在孩子 10 岁的时候一同骑行了近 3 000 公里，其间孩子的状态发生了很多惊人的变化，最后这个孩子考上了美国的一所高中，在美国的表现也相当出色。后来这位孙先生创办了一所阳光父母会所，影响了一大批人参与家庭教育以及亲子骑行活动，搞得有声有色。

我与孙先生也有数面之缘。在 2015 年暑期，他们会所组织了 30 多个家庭骑行 600 多公里（从淄博到北京），其中最小的孩子年仅 5 岁，这个过程所带来的影响实在是让人震惊。恰逢“十一”，我有幸参与了他们从淄博到黄河入海口 200 公里的骑行活动，也亲自体验了亲子骑行的过程，感觉收获甚丰。

因为要参与本次 200 公里的亲子骑行活动，我特意给 Bob 先生买了一辆 20 寸的美利达山地变速车。我们进行了两个晚上，共计一小时的简短训练。主要是让孩子熟悉新的车子，因为他个子不算高，控制车子还是有一些难度。不过训练进度很顺利，孩子对即将到来的活动充满了期待，对新车子的装置也很有兴趣，在短时间内基本掌握了新车的骑行，只是仍然不熟练。不过那也没有办法了，只能这样上路了。

起初，Bob 先生骑车不是很稳，他的骑行经验太少，对新车的熟悉程度有限，第一次上路旅行，有点儿慌张。不过还好，他很快就能够控制好方向，也能短时间内获得紧急刹车的感觉。由此可见，很多事情并不是想象的那么难，只是需要一些时间而已。

有趣的是，骑行两天，每天上午刚出发的时候，Bob 先生总是不想掉队，所以就会拼命地往前骑，保持在第一梯队。如果他中途要喝水或者做其他事情，就很难追上队伍了，然后就会越来越慢，直至保持一个相对较慢但是仍然在前进的速度。在这期间，我也想了不同的办法激励他加速前进，但基本没有用处。只要前面没有可以超越的目标，他就很难改变这种状态。我一直在想，除了体力的原因之外，缺少一个可以跟随的目标恐怕是很大的一个原因。

在没有掉队的时候，他数次追到第一，成为排头尖兵。但是，这种状态对于他来说意味着更大的考验，如果你在第一，那么就永远会成为别人想要超越的目标，你就必须不断地鞭策自己越来越快。这已经不只是心理考验的问题了，更需要体力、耐力来支持。所以，他的第一总是短暂的，总是难以为继。由此我想到，如果一个孩子真的把学习当成生命之第一要义，如果真的只能成功不能失败，那么除了要承受巨大的心理压力之外，更需要健康的体魄、好的学习方法和学习习惯的支撑。更要命的是，你不只是面临自己的问题，更是要应对别人快速进步的问题。

即便得到第一又怎样？大多数时候我和 Bob 先生都是垫底，都在最后压阵，但还是会到达终点。与第一梯队相反的是，我在放弃了对他一再加速的要求之后，反而可以聊聊其他的事情，看看身边的风景，不必担心自己会不会掉队，这是不是也是一种不错的选择？

这是我的两个感悟。一是成长和进步需要参照物，需要追逐的目标。对于 6 岁以下的幼儿来说，成长的第一参照物（偶像）是妈妈，之后爸爸要成为成长的参照物（偶像），而青春期的孩子，成长的参照物则是社会化了的各种巨星。二是即便不能拿到第一，也会到达终点，差别只是时间的问题。对于学业，对于事业，对于情感，对于人生，又何尝不是如此？但是，这个过程却大相径庭。对于追风少年来说，过程是紧张的、有压力的。对于慢一些的人来说，慢慢欣赏沿途风景也相当不错。

Bob 爸有话说

我一直倡导生活的意义，生活的乐趣。亲子骑行，最重要的还不是这个过程中所发生的变化，而是“运动是最好的信仰，它让你获得一种精神状态，让你永远知道自己还有什么事情可做，让你始终感知自己的存在和进步的价值”。运动让人身心愉悦，运动让人有行动的方向和目标，运动让人不会有时间去做无聊的事情。

在这个过程中，共同的经历会带来亲子关系的深刻变化。有了共同的经历，才会有共同的话题，才会有共同的生活方式和追求，亲子之间才不会有太多的分歧难以解决，特别是孩子尚小之时就建构起这种牢不可破的、属于他们自己的生存体验。比如，我们可以在很多场合聊起在某一时刻的事情，虽然很多是一些微不足道的细节，却是彼此经历过的有意思的事情。当生活中填充了无数这样的事情，我们就不会在亲子关系和孩子教育上只关心学习问题、对错问题。

远途骑行会让孩子的舒适圈扩大。简单地说，就是以前的困难都不怎么困难了，以前担心的事情都不那么重要了，以前憧憬的事情也不再遥不可及了。目标总是越来越近，只要你一直前进即可。

Bob 先生精力旺盛，总是动个不停。当他骑车的时候，目标是前方，心中想的是眼前的事情，有一些目标需要去面对。当他停下来，不再骑行的时候，似乎就失去了目标，总是不断地折腾。正所谓“好人是没有时间做坏事的人。要想地里不长草，你就得种满庄稼”。多给孩子安排一些有趣有意义的事情，总会给他们带来意想不到的收获。

此前，Bob 妈妈总是担心孩子会有什么不测，总是不相信孩子能做成这件事情。事实胜于雄辩，现在她大可对孩子放手，让他去面对一些事情了。

这次活动很成功，孩子们所经历的事情和场景也很丰富。途中，有一个小伙子开着车停下来，问我们从哪里来，要去哪里，他听到我们回答后非常兴奋，不断地表达赞赏。在途中景区照相处，甚至有人喊出“中国有希望了”的话语。当时我在想一个问题，长途骑行固然重要，但是我们既然要让孩子变成勇于挑战、敢于担当的人，生活中的担当、生活中的培养应该更加重要，否则就形成了一个怪圈：在生活中包办培养一个无能的孩子，然后让他们报班或者参加各种训练营去培养类似的能力。

［**爸妈再想想**］

骑行是有挑战的活动，如何看待生存（安全）与发展（挑战自己的极限）的关系？

10 公里的城市徒步突破心理极限

导读：这是一次自我的突破，从此让我们可以藐视行动范围内的一切可能。

关键词：徒步　拓展　极限　坚持

时间：2014 年 12 月 14 日

距离：9.99 公里

平均速度：4.3 公里 / 小时

起点：崇文门国瑞城

终点：月坛公园附近的家

用时：2 小时 20 分钟

沿途话题：

卖艺、北约和华约（红色国家。最近玩“红色警戒”，涉及里面的国家）、天安门为什么要安检、什么是腐败、国旗、历史上最有名的 100 个人（最近他在读一本历史名人的书，知道了很多人）……他的问题太多，我实在是记不清楚了。

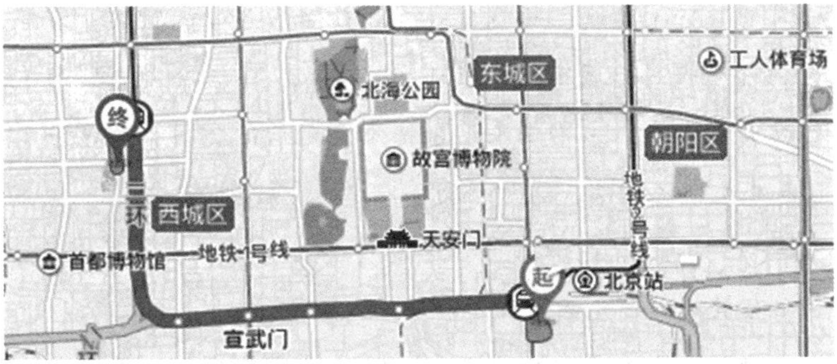

路遇街头艺人，我借了一元钱给 Bob 先生，让他去赞助艺人。

这次徒步路过了东交民巷的深宅大院、天安门广场、夕阳余晖下的国家大剧院，穿过车水马龙的西单路口，还看到了夜幕下的复兴门桥的彩虹装饰，等等。

Bob 爸有话说

步行 10 公里，收获满满。

（1）两个多小时在一起，没有别的事情，唯有聊天，所以这是亲子沟通的最佳时机。

（2）看到什么说什么，想到什么说什么，关心什么说什么，实在是教育的最佳时机。

（3）突破自我，超越自我。之前孩子 7 岁的时候，曾经在雪后和我一起城市徒步了 2 公里多，从月坛公园走到西单图书大厦买了一本书回来。这是那次之后的突破，这是属于 Bob 先生新的纪录，这是一次了不起的突破。

（4）路上有关于走了多远的讨论。涉及具体的公里数，总行程的几分之几的讨论。

（5）在走到西单后，他有些累了，然后开始频繁地关心还有多久到家。我问他：爱因斯坦研究相对论容易，还是我们行走 10 公里容易？当然是行走 10 公里容易，因为你只需要一直往前走，一定能到达目的地。

（6）最后 500 米，他再次感叹有些累了，但又不想歇息。累就累吧，人总是要走才能到达目的地，道理就这么简单！

［爸妈再想想］

没有随随便便的成功，不经历风雨怎能见彩虹？孩子成绩好还不够，未来世界的竞争注定是心理发展水平的竞争，是学习力、毅力和执行力的竞争。学习力、毅力的发展可以通过阅读或者说教来完成吗？

第七章

懂爱的孩子最幸福

每一个人都需要被爱，每一个人都要具备爱的能力，只有如此他们才会感受到个人的价值和人生的幸福。如何去爱孩子，如何教会孩子去爱，是本章所要讨论的内容。

不需要嘱咐，只需要祝福

导读：上学是一件好事情，是一件快乐的事情，这样孩子才会乐学，不要搞得压力山大。

关键词：新生　小学一年级　开学嘱托

Bob 先生的户口落在姥姥家，姥姥家离片区学校仅 5 分钟的路程。昨天他兴高采烈地去学校报到，我想他梦想做小学生很长时间了，所以分别的时候我对他说了句“祝你好运。”

第二天就要开学了，Bob 妈妈嘱咐了一堆的事情，还让我去嘱咐点儿什么。我说上学真好，祝他快乐！

Bob 爸有话说

我觉得，上学是一件好事情，是一件快乐的事情，这样孩子才会乐学，不要搞得压力山大。孩子需要慢慢地适应学校生活，而不是一到学校就能表现出家长、老师期望的那种事无巨细地顺从和行动到位。那不是一般的孩子，那只是老师和家长心中理想的傀儡而已。

很多家长容易忽视一个问题：我们追求美好的结果，不是要求完美的过程。孩子成长的过程中，在学习进步的过程中，他们做好一件事情，一定要经历非常多的错误、调整、过程激励、不断的实践。仅仅凭借一句嘱咐，或者一个要求，是不可能让孩子做到的，他们也不知道如何做到。所以，父母需要跟孩子一起来面对生活和学习中出现的问题，在这个过程中不断地思考、实践，孩子的能力才会逐渐上去，我们所期望的美好结果才会真正到来。

[**爸妈再想想**]

让孩子高高兴兴上学、平平安安回家，是家长对孩子最基本的要求。不过这么朴素的为家长之道，现在被学校各种各样的要求、家长各种各样的提醒所取代，结果上学变成了一件复杂的事情和麻烦的事情，让孩子很有压力的事情。让孩子喜欢去学校比去学校做好事情更重要。为此父母还可以做些什么呢？

石头剪刀布里面蕴藏的公平

导读：或许这不是最好的选择，但的确是很有意思的选择。

关键词：划拳　对赌　决策　契约执行　诚信公平

每个周末，大多数时候都是Bob妈妈来做饭，而收拾餐桌就成了我主要的工作。与往常不一样的是，有一天Bob先生第一次刷了碗。

中午我们俩吃完饭，他扔下饭碗就想跑，被我叫住。我建议玩石头剪刀布决定谁输掉谁就刷碗。他喜滋滋地输了，然后快乐地去刷碗。

他真是越来越懂事、越来越能干了，愿意为家庭做一些力所能及的事情，愿意帮父母分担一些事务。我们还计划去奥林匹克森林公园进行一个15公里的徒步穿越。我希望他能坚持下来。

Bob爸有话说

到该做点儿家务的时候了。但是如何开始确实让我费了一番脑筋。

按理说，父母应该照顾孩子，让孩子专注于他们的学习、探索。同时还有一种观点是，尽早让孩子通过家务劳动来开始承担责任，并从中获得快乐的感受，获得在家庭中的价值感。

没有想到的是，Bob 先生对刷碗并不反感，也愿意做。为了让这件事情充满乐趣，我选择了石头剪刀布游戏。或许这不是最好的选择，但的确是很有意思的选择。

[**爸妈再想想**]

不必强迫孩子去做家务，而是用公平的石头剪刀布游戏来决定，这对于孩子来说意味着一种什么样的体验？

有爱的欢迎牌

导读：我们每一个人都需要爱，无论你的年龄几何、地位高下。在生活中学会各种表达爱的方式，家庭才会更幸福。

关键词：爱　表达　旅行　回家

每年，Bob 先生和他妈妈都会去各地走走看看。

这不，他们明天将从海南回来。因我明晚会晚回来，所以特地提前准备欢迎牌一个，虽然画得没创意也不大好看，但确实给人好有爱的感觉。

我很少有时间陪孩子长时间去外面旅行，对此我一直都深感抱歉。

所幸的是，Bob 妈妈有机会帮我完成这样的心愿。如果生活没有太多别的选择，那我就在其他时间多多陪伴孩子，一起快乐成长吧。

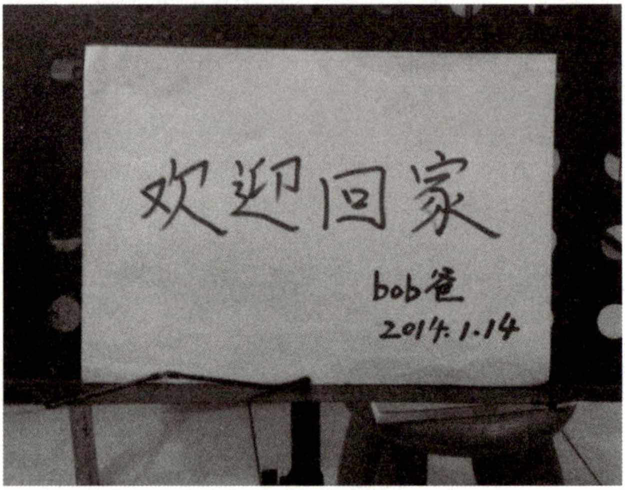

Bob 爸有话说

在生活中表达自己的爱，在生活中通过多元的方式表达对家人的爱，在生活中通过简单有效的形式经常性地表达自己对家人的爱，这不仅仅是一种思维方式，更是一种能力。希望每一对父母、每一个孩子都能学会这样的能力，这样家庭才会更加快乐幸福。毕竟，我们每一个人都需要爱，无论你的年龄几何、地位高下。在生活中学会各种表达爱的方式，家庭才会更幸福。

［爸妈再想想］

学会用多元化的方式表达爱，可以让人感知生活的意义。“欢迎回家”这几个字蕴含哪些要义呢？

为了尊严为旅行做一些准备

导读：我希望他的旅途有事情可做，能有所发现，能自己做一些选择，而不依赖于别人创造的环境，以及看别人的脸色行事。

关键词：旅行准备　工具管理　承担

Bob 先生又要和妈妈、姥姥她们去旅行 10 天。

我特意为他准备了小腰包一个、指南针一个、强光手电一只、望远镜一个、卡片相机一台、眼镜布一块、人民币 100 元，并嘱托他要照顾好妈妈和姥姥。

他高高兴兴地背着自己的背包和腰包准备出发了。姥姥见到他的第一句话就是"赶紧把包放下，太重了"。这让我感到非常郁闷，因为我认为保护和发展孩子承担责任的意愿和能力非常重要，要在生活中去创设这种机会才能真正发展这种意愿和能力。

Bob 先生并不在乎姥姥说什么，他表示愿意掌管自己的行头，我想他已经感觉到自己的成长以及因为承担责任所带来的自由和价值感。

Bob 爸有话说

之所以要为孩子准备这些物品，是因为我希望他的旅途有事情可做，能有所发现，能自己做一些自由选择，而不依赖于别人创造的环境。让孩子携带 100 元钱，希望他面对自己的一些需求的时候，不必看别人脸色，不必为一些微不足道的需求而不断地求得别人的认可，从而影响心情。否则很容易在旅行的过程中得不到美好的体验，反而会有无数的争执，导致心情变坏。我想，这就是为身心自由做的一些准备吧。

［**爸妈再想想**］

旅行是训练孩子承担责任的好时机，这不是基于教育的需要，而是孩子原本就有这样的成长需求。为孩子准备单独的 100 元钱，除了应急使用之外，更彰显了对孩子长大的一种认可和尊重。教育无小事，处处显神机。当家里的老人和我们的教育理念有冲突时，是应该坚持，还是应该妥协，抑或其他？

有滋味的爱是这样炒出来的

导读：有时候我们想让别人把事情做得更好，指出改进意见并不能让人信服。明确地请别人满足自己的一个需要，可能是一个好办法。

关键词：做饭　味道　妈妈炒饭

前段时间，我家新买了一个电烤箱，Bob 妈妈就总用它来做饭。特别是最近，她总做奶油焗饭，我都吃腻了，这让我有点儿伤脑筋。怎么办？

如果我批评她不考虑别人（我）的感受，那么我的这种行为不也正是我要批评的吗？

于是，我就对她说：“我好想吃蛋炒饭，恰好冰箱里面有一个洋葱，你把它用上，就不用买菜了，也省事，如何?”

于是，她用洋葱、鸡蛋、胡萝卜炒了一盘香香的蛋炒饭。

中午我吃饭的时候，超过四次赞不绝口：“今天妈妈的炒饭太好吃了。”

Bob 先生也觉得不错，表示要吃第二碗。我趁热打铁，提出一个建议：“今天妈妈炒的饭有点儿特殊，和往常都不一样，我想给它取一个名字，叫‘妈妈炒饭’，如何?”

Bob 先生表示赞同，至于他妈妈嘛，有点儿开心了，然后开始介绍里面的配菜……

晚上 Bob 妈妈要包饺子，我想起韭菜饺子就有点儿慌张，赶忙说：“太好了，如果我能吃上白菜馅，再放上一些虾皮就更好了!”

于是她就安排我下午去超市买虾皮。

果然，今晚的饺子是她自己最满意的一次。她说：“我都没想到我能包出这么好吃的饺子。”

事实上也是如此，因为我觉得今晚的饺子馅不像以往瘦肉放得太多，馅包得太多，而让人吃起来满嘴肉渣。白菜、海鲜风味的虾皮、鸡蛋及适量的肉，配上老干妈辣酱蘸着吃，会让饺子馅更加爽口……

于是，我建议把这种风格的饺子命名为“妈妈饺子”。

当晚的家庭会议由 Bob 先生主持，他首先就表扬了妈妈炒的饭和做的饺子都让人满意。

Bob 爸有话说

我想，最满意的是 Bob 先生的妈妈。

我发现自己不仅越来越懂孩子，还开始懂女人了，对于一个曾经的技术控程序员来说，真是了不起的进步!

［**爸妈再想想**］

在大多数情况下，对现实结果的接纳和点赞会产生更好的影响，从而改变事情的发展方向。事实是什么，更好的希望和忠告不但不会让事情更好，反而会导致更糟糕的结果。为什么会这样呢？

精心共度的美好时刻构建爱意

导读：最好的陪伴就是共度美好的时光。

关键词：陪伴　精心的时刻　游戏　聊天　交流规则

最近要期末考试了，Bob 先生被各种复习搞得头昏脑涨。恰逢他妈妈有事外出聚会，这真是一个美好的时刻，我就请 Bob 先生睡一个午觉——这对他来说，是一件难以忍受的事情。他宁愿做作业也不愿意睡午觉。

我就说：“我们今天可以试试，看看睡一个午觉到底有多么难受？”

他提出一个条件，就是要在床上和我玩“被子大战”，这是他很小的时候就喜欢的一个游戏。所谓被子大战，就是把所有的被子胡乱弄成一堆，一会儿可以在里面时空穿越，一会儿可以包裹着被子混战。在我看来，这个游戏实在是没什么好玩的，但是这对他来说太重要了，因为他在生活中缺少玩伴，那种可以放松的、无时无刻不在的玩伴。

他要求的半小时被子大战，被我缩短成床上摔跤，三战二胜，谁先被踢下床，谁就输一次。在他更小的时候，通常我会让他赢几次，现在我一般不会让他赢了，只是会让这个大战的过程延长一些。延长过程的原因在于Bob先生的成长需要训练战斗力，不再让他赢是因为我希望他能知道，他自己的实力实在是不可能与一个成人相比，输了没有什么不好意思的。

约定好的事情，他通常还是会照做，这一点我非常欣赏Bob先生。比如，我们周末如果在家吃饭，经常都是要经过“石头剪刀布”，三战二胜来决定谁去洗碗。如果我直接让他去洗碗，他总是很不情愿，只好通过这种对赌的游戏来决定谁去。他每次总是欣然接受我的对赌邀约，输掉了有时候也会叹气，但毕竟还是会去照做。我想，这就叫作规则，无论你是否喜欢。

他答应了睡午觉，自然会照做，即便有些不情愿。

我午睡醒来后，发现他已经坐在桌子前做作业了。我又继续赖床到下午5点多钟才起，估计他已经做了一些作业，磨蹭了一些时光，玩了一些玩具。

他说想去吃护国寺小吃的牛肉饼，我欣然同意。一个是因为我也喜欢吃牛肉饼，还有一个是离家也不远。于是他带上他的饮料，一同前往。

我买了3个牛肉饼、1盘凉菜、2个艾窝窝、1瓶啤酒。他就喝自己带去的北冰洋，我们一边吃饭一边聊天。我真是喜欢这种感觉，可以和一个孩子一起，随便吃吃，随便聊聊，没有教导，也没有请教，大家都说点儿自己愿意说的话。

他跟我说，他发现一个规律。我说什么规律?

他说：“我觉得姓陶的人都会写文章，比如陶渊明写诗歌，我那段时间也写了一些故事，你也经常晚上工作写一些东西。”

我说：“你这个规律发现得好啊，你知道吗？还有一个了不起的哲学家、教育家、思想家叫陶行知……”

当时，我心里想到，我给孩子种下的阅读的种子、赏识的种子开始发芽了。他已经开始确立了自己的新形象——写作达人！他也开始觉得自己写的东西还不错了，这多少得益于我曾经对他写的作文大为赞赏，也曾请求他妈妈不要用应试作文那一套去要求他！而且，最近他阅读的名人小故事，开始对他产生一些积极的影响了……他开始思考他应该是一个什么样的人，像一个什么样的人，可能会是一个什么样的人。这是多么了不起的变化啊！

吃饭回来，我们看了一部动画片《木偶奇遇记》，这真是一个了不起的故事：关于梦想，关于成长的波折，关于生命体验，关于爱……我没有问 Bob 先生他的感受是什么，但是我相信有些信念自然而然会种在他的心田里。或许有一天，他会说起：“爸爸，《木偶奇遇记》里……”

妈妈还没有回来，我们还下了两盘象棋，一起听了音乐——我请 Bob 先生听一听贝多芬的《命运》，因为他最近喜欢看名人故事，自然是知道德国最伟大的音乐家贝多芬的一些事情。我先请他听了通俗版的《命运》，然后再请他听了交响乐版本的《命运》。我问他喜欢哪个版本，他说喜欢前者，虽然交响乐版的更加恢宏，但是钢琴版的声线更加明晰。管它呢，喜欢就好，没有更好。

我再请他听一下我喜欢的另外几首曲子，比如《加州旅馆》和《风信子》，我特别喜欢里面的配乐，但是我也说不出什么名堂，只能意会。我不知道他听了会是什么感受，他只是说他听过《加州旅馆》，那就 OK 了，听过的，熟悉了，就不会讨厌，就会慢慢觉得亲切，最后就会慢慢对音乐感到亲切——这是我希望的结果，不一定具体是什么。

这一切，都要归功于现在的互联网技术应用。比如我们可以用视频盒子轻易找到值得一看的电影——通常我会跟 Bob 先生说，我们要看评分在 8 分以上的电影，评价好的东西总是不会错的。我们可以轻易用手机搜索到想要听的音乐，甚至可以通过蓝牙把它传送到音箱上欣赏……真是科技改变生活，这在以前是不可思议的事情……

Bob 爸有话说

没有妈妈的半天时间，我得以和Bob先生单独相处，共进晚餐，共度一个美好的夜晚，彼此分享自己的想法和喜欢的事物，这算不算天伦之乐呢？

［爸妈再想想］

学习不是让孩子成长进步的唯一方式。在生活中成长，在聊天中学习，在实践中进步，这是多元而丰富的生活带来的价值。美好的感觉对于生活和学习有什么积极的意义呢？

互道晚安是传播爱的仪式

导读：让孩子习惯爱的表达，让孩子学会爱的表达，有助于他们内心的安定。

关键词：问候　晚安　爱的表达　安全感

每次睡前，我都会说："Bob先生晚安，爸爸爱你。"

然后我就能听到他说："爸爸妈妈晚安。"

终于有一天，他多说了一点点："爸爸妈妈晚安，我爱你们。"

虽然有点儿不自然，但确实是他发自内心的。

有子如此，未来我孙有福了，我是福上有福了！

Bob 爸有话说

很长时间以来，我都会坚持在睡前向孩子表达我们对他的爱，表达对他坚定无疑的爱。我希望互道晚安的形式变成家庭生活的传统，希望未来孩子也能把这种简单明确的爱的表达传承下去。

［**爸妈再想想**］

明确地向孩子表达坚定不移的爱，是帮孩子构建内在安全感的重要方式。让孩子学会表达爱也需要父母做引导。让孩子依赖于父母的爱，会不会让孩子变得矫情？

孩子比我们更爱对方

导读：孩子比我们更爱对方，他会尽可能去满足父母的期望，在他尚未完全绝望之前都会一直如此，而我们却很少看到这种为爱而迎合父母的努力是多么的无奈。

关键词：沟通　交流压力　传递　接纳　爱　纸条

Bob 先生喜欢用纸条来沟通，表达他对父母的期望。这当然是一种非常了不起的沟通方式，但是我从中看到了孩子的话语权还不够，孩子表达的机会还太少，面临着即便表达了也没有人太在乎的无奈。

有一次，Bob 先生在一张红色心形即时贴纸上写道：“我定要好好完成作业，努力学习！妈妈我爱你　陶思宇”，他还画了朵花作为装饰。Bob 妈妈看到这张卡片后，偷偷哭着对我说：“我不是一个好妈妈，我让孩子感受到这么大的压力。”

我说："能这样思考的妈妈可不多……"

Bob 爸有话说

虽然 Bob 先生的学习成绩还不错，但家人总是不由自主地想方设法告诉他应该考更高的分数。这样的鼓励无形中在证明孩子的成绩远未达到父母期望的那样，孩子就会觉得自己做得不够好，这样学习就变成了一种压力，而不是一种快乐的活动。

现实很难有效地平衡。没有目标、没有压力可能会导致无所事事、不知所措地学习。压力过大，把学习成绩变成成长的唯一目的，则会导致孩子价值感低、过于在意外在的要求而忽视内在的成长。

［爸妈再想想］

总有一些父母偶尔会表露出一些悔恨之意，来表达自己曾经错过的好事情。可是，大多数情况下都只是说说而已，如何才能让自己真正行动起来，为孩子的成长创建更好的成长环境？

他那么爱我，而我却经常伤他的心

导读：所谓的“陪伴孩子成长”，不是父母陪着才能成长，而是父母随着孩子的成长而成长，主体是父母的成长。

关键词：责任承担　信任　零花钱　接纳认可　成长

Bob 先生突然想起一件事情，然后要向我借 100 元去买一个水杯。

我问：“为什么要买一个水杯？你已经有水杯了。”

他说：“上学期我和几个小朋友打闹，把老师的水杯摔坏了。老师没有让我们赔，但是最近我看到她在用罐头瓶子喝水，就想还给她一个水杯。”

我问：“是你一个人摔坏的，还是几个人一起玩的时候不知谁弄坏的？”

他说：“我们几个一起玩的时候弄坏的。”

我是想说，如果是大家一起弄坏的，那就应该大家来赔。转念一想，这件事情肯定有 Bob 先生的一份责任，既然他愿意承担全部责任，既然他并没有把责任推卸到别人身上，这本身就是非常了不起的一种承担，我何必去纠结对错呢？让事实见鬼去吧。

于是，我就没有再多问其他的事情，欣然同意借给他 100 元，并陪同他去买。

到了万通商城，他请求我不要跟着他去买，他说想自己做决定。我说：你自己做决定可以，但我也可以陪着你去，对吗？

他有些不愿意，但还是同意了。大多数时候，我并不认为小孩子所有的事情都要满足他们或者答应他们，即便我认为我还是一个相对民主和通情达理的老爸。孩子的权利应该在任何时候都得到保障和允许，比如在我陪同的情况下，在我监护的情况下，孩子可以自由地行使他的权利，不必因为我存在或不存在有所区别。

我给了他一个建议，买一个不锈钢的水杯，而不是玻璃材质的杯子，毕竟在学校总是难免有孩子比较冒失。另外可以考虑比较小一点儿的，乖巧可爱一些，便于携带。

他同意买一个不锈钢的杯子。不过建议总归是建议，他听从了卖东西的阿姨的建议，买了一个稍显粗壮的杯子，甚至这个杯子还有点儿旧——摆在柜台上有些日子了。为了确保 Bob 先生的权利和自尊，我没有多说什么。想想看，是一个杯子重要，还是 Bob 先生的自尊、自信和权利更重要？至于杯子是不是最好，是不是我认为的最好，真的一点儿都不重要！

当时我没有多说什么，不过在回家的路上，我还是有点儿忍不住说对这个杯子不是很满意，看上去有点儿旧，有点儿大。当我说出来之后，就后悔了，反倒是 Bob 先生安慰我说："回家洗洗，擦拭一下……"

我赶紧说："不能洗，洗了就不是新杯子了……"

可见，我是多么无情啊。孩子怀揣着美好的想法，要弥补之前的过失，想送一个自己喜爱的杯子给老师，从来没有怀疑那个卖杯子的阿姨故意拿了一个可能不好卖的杯子给他……反倒是我在纠结，各种不满意，甚至还说出来打击孩子的美好想法！

万通商城有各种各样的东西卖，你想要的东西几乎都有。他拿着剩下的钱，又买了一副质量很不错的军棋，因为家里有一个棋盘，一面是象棋棋盘，翻过来就是军棋的棋盘，这下子能用上了（这孩子多么热爱生活啊！这两天我俩每天都玩一局，虽然都是他输）。同时又买了一个五线谱的本子，他每天都要在本子上作曲（这孩子多么热爱学习啊）。我经常劝他不要作曲，多练习一下钢琴才是硬道理……我又啰嗦了，我又把我所谓的正确的道理施加在他的身上了……还得请 Bob 先生原谅我，虽然我是一个很不错的父亲，但仍然还是有很大的进步空间需要我去成长。

晚上，Bob 妈妈告诉我一件事情，Bob 先生说他想结婚了。妈妈就问他想找一个什么样的女孩，他说不知道，但希望姥姥帮他找一个。妈妈问他为什么，他说姥姥能帮妈妈找一个爸爸这样的人，真心不错。

这恐怕是我听到的，最最最幸福的话了。能够获得孩子如此深切的认可，要么就是这家伙学会了超级读心术，要么就是他真的感受到我对他一往情深的爱了。

Bob 爸有话说

我们成人有很多做事情的经验，可以帮助我们减少生活中不必要的麻烦。所以，我们很在意经验，也喜欢把经验传递给孩子。经验固然重要，但是孩子心中的美好想法，他们想要自己做决定的意愿，对于他们的成长来说更重要。所以，我经常反思自己的成人思维，对于孩子的成长来说它到底意味着什么。

大家可能都听说过一句箴言：父母要陪伴孩子成长。这件事情，让我深刻地理解到，所谓的“陪伴孩子成长”，不是父母陪着孩子才能成长，而是父母随着孩子的成长而成长，主体是父母的成长。

［**爸妈再想想**］

事实并不重要，孩子当下的感受和想法更重要。如何呵护他们自然萌发的积极正向的意愿，如何保护他们发自内心的向善行为，远比刻意培养更重要。如果孩子正在做一件明显错误的事情，我们该如何应对呢？

发生严重的冲突，结果为何却让我感觉很欣慰

导读：孩子有很多合理的需求，父母应该及时地满足。同时也会有一些不合理的需求，父母则需要根据自己的经济条件、教子理念和家庭规则酌情考虑。无论如何，都不应该把需求的表达演变成一场真正的冲突。

关键词：需求认知　沟通交流　接纳说服

Bob 先生最近喜欢上水弹枪（一种儿童玩具枪），想再要一把能自动发射水弹的那种，这样就可以经常和我，或者和小伙伴一起玩枪战了，虽然家里已经有了一支自动发射的冲锋枪、一支手动上膛的狙击枪和一把手动的手枪。

不过，手动发射水弹的狙击枪和手枪很难用，经常打不出水弹。

想买就买吧，反正你用自己的零花钱去买，是你的自由，这是我一贯秉持的观点。

他提出：头天去公园门口练摊卖东西的钱，加上我欠他的 5 元零花钱，再加上前两个星期陪姥爷姥姥去商场搞活动奖励的现金，就够买一把新的自动发射水弹枪了。他让我帮他在网上购买，然后他把现金给我。

可是，我不同意。

他表现出很恼怒的样子，说："你就会说不。"

在生活中，当他提出不合理的需求时，我喜欢直接说"不"，很少讲道理，这一点让他很恼怒。虽然我知道应该和孩子共情，循序渐进地讲道理，让他明白我的意图，但我并不打算每次都这样做。虽然我

明白大多数情况是需要理解孩子的，但是我认为并不都要走共情的道路，让他学会接受拒绝也是一种能力。今天遇到的分歧，其实不是行为态度的问题，而是认知观念上产生的分歧，那就通过解决认知来完成吧。

他很生气，质问我：“为什么我在太阳底下，站了一两个小时辛辛苦苦赚的钱不能用？凭什么不能让我用劳动换取的钱？”

我说：“我知道你辛辛苦苦赚了一些钱，但是这里面包含商品的本钱，是当初你妈妈花钱进的货，这个不应该算在里面。虽然你卖了三十几块钱，但真正只赚了十几块钱！”

听到我随口说他只能用十几块钱，显然离他期望要买的枪所需的钱差距比较大，他非常气，觉得我不讲道理，凭借大人的权威把他挣的钱掠夺了。

我怎么会去掠夺他辛辛苦苦挣的钱呢？在我心里，有两个概念希望他能明白：一是你只能支配自己合理拥有的钱；二是必须搞清楚钱是怎么挣来的，不是你收入多少就算是挣了多少！

那什么是合理拥有的钱呢？父母给的零花钱以及自己通过劳动获得的奖励或者通过销售物品挣到的钱，才能自由支配。压岁钱，别人给的钱，都不能算合理拥有的钱，不能随意支配。

在他撒泼打滚儿、哭天抢地的同时，我心平气和地跟他讲：“你卖东西，是靠赚取差价获得收益。如果你不同意我初步估算的一共赚了十几块钱，那么我们一起来算一下，你到底卖了哪几样东西、每样东西的进货价格是多少、销售价格是多少吧。”

于是我们算出了真正的利润，这是他可以自由支配的部分。

他又质问：“为什么我陪姥姥姥爷去商场抽到的奖不能支配？”

我说：“虽然是你去抽取的奖金，但是姥姥姥爷他们买了东西，有这个抽奖的机会。他们是花了钱才有这个机会的，你只能算是代替他们执行了抽奖的过程而已！”

虽然他还是很生气，但是他接受了这个观点。不过，他还是气冲冲地说："那你把我应该得到的32元钱留下，其他的拿走吧！"

这显然是一句气话，但我还是把多余的钱拿走了。

我说："晚安，爸爸爱你。"然后就离开了他的房间，他没有理我。

第二天早上，和他一起去上学，他已经调整好了昨晚的伤心，恢复正常，和我说了各种他想要说的话，包括"还等多久就可以买到这把枪"等。

我由衷地感谢Bob先生能够放自己一马，不再跟我斤斤计较。虽然这次和我发生了较为严重的冲突，但是结果让我感到很欣慰。

Bob爸有话说

我很爱自己的孩子，我希望他快乐。他喜欢追求一些有趣的事情，我很支持。我们一起拥有了3支水弹玩具枪，也是为了让生活更有意思，而且还符合男孩的成长需求。

对于孩子来说，他提出新需求，在父母不同意的情况下，他可以动用自己的权利，使用合理的收入来完成，这是解决问题的一种正确思路，对此我是万分地赞同。可是问题出在：哪些收入才能算是合理的收入？这是一个原则问题，也是一个认知问题。如果我们之前没有定义清楚，或者大家不能很好地理解这个定义，产生冲突是在所难免的了。

既然我清楚问题所在，那就有什么问题解决什么问题吧，不必将这个过程演变成对彼此的攻击和语言上的互殴，这不仅解决不了问题，反而会破坏彼此的性情。

[**爸妈再想想**]

什么情况会导致孩子不愿意接受我们的合理解释和安排呢?

第八章

在游戏的世界中学习责任感

没有规则就会让孩子不断地去试错，没有规则孩子就无法确定行为的边界，从而经常性地犯同样的错误却得不到及时的改进。建立规则不仅能够帮助他们界定自己的行为，更能给予他们规则内的最大心灵自由。

我只是想要，并不一定真的要

导读：很多时候，不是孩子任性，而是家长选择了妥协。

关键词：自助餐　烤肉　垃圾食品　延迟满足　过度满足　溺爱

Bob 先生是一个可爱的孩子，他有很多的爱好，比如喜欢吃自助餐。周末从爷爷奶奶家回来后我征求他的意见，问他要不要晚上就去护国寺小吃就餐，那里菜品多，选择多，还便宜卫生。Bob 先生说要去吃烤肉，我没有马上同意，因为我觉得自助餐里面的垃圾食品太多，会让胃口变得更大，身体变得糟糕，而且价格还不菲，弊多利少。但是，孩子的妈妈和姥爷很快就答应了带他去吃烤肉，理由很简单：因为他想吃。

在去的路上，Bob 先生问了一句："爸爸，你们为什么要答应我去吃烤肉？"

这让我想起另外一件事情。他的姐姐阳阳 11 岁了，有一天跟爷爷奶奶去超市，固执地要买一个很幼稚的文具盒。考虑到她的文具盒不少，爷爷没有答应。阳阳就在超市对爷爷大发脾气，弄得爷爷很为难，只好给她买了。后来，我就问她："你真的一定要买这个文具盒吗?"阳阳同学想了一想，说："爷爷自己要给我买，我只是想要而已。"

Bob 爸有话说

在生活中，还有很多这样的场景。有些事情我们成人是能够想明白的，但是往往在将要实现这个目标前的一瞬间，我们选择了妥协和放弃。于是，孩子们就从中习得：大人们不认可的行事方式并没有什么不好，只要坚持就能得到自己想要的东西。可以预见，这样的后果，在学生阶段会被错误地用于学习方法和对待学习的态度上，在成人后会被错误地用于处理人际关系、感情、婚姻关系上。到那个时候，当发现这种方法不灵验了，无法再获得他人的接纳和支持，他们就会备受打击，同时与他们相关的亲人和朋友、同事也会因此受到伤害。人生的不幸福由此可以追溯。

您可别认为我这是小题大做，耸人听闻。根据"蝴蝶效应"，巴西的一只蝴蝶扇动翅膀，会让美国的德克萨斯州刮起一场龙卷风，更何况一个人的成长过程中必定会波澜起伏，面临无数的选择机会。可怕的是父母没有及时杜绝和预防，让孩子做出错误的选择，最终让孩子在错误的方向上越走越远。现实是，在大多数家庭中，错误的决策多，正确的决策少，结果自然不言而喻。

当然，也有很多做得好的现实案例，父母可以通过一定的坚持让孩子在一些事情上走得更远。比如我曾经采访过一个优秀母亲，她的女儿然然学钢琴进入高原期[1]，想要放弃。妈妈与然然一起认真分析学与不学的利弊，在妈妈的鼓励下，然然坚持了下来，取得了一个很好的结果：然然已经把弹钢琴当成开心生活、宣泄青春、激情创作的工具，作词赋曲，好不得意。

［**爸妈再想想**］

缺少规则，缺少对规则的坚定执行，是造成溺爱的重要原因。过度满足孩子的需求，可能会带来什么样的结果？

自我管理与责任承担的意愿

导读：过度的担心是对孩子的诅咒，会让孩子不相信自己能面对，更会让孩子变得不需要去面对。

关键词：独立做早餐　按时起床　信任

Bob先生有一段时间很自律，早上6点半起床，比以往提前半小时，看自己的书，做早餐，吃早餐，然后自己去上学，不要家长送。

一般来说，如果我不早起，他就会被妈妈送到学校，于是我们俩有了一些小秘密，比如我偷偷答应他自己上学。哎，由此可见，在培养孩子方面，要想做点正确的事情是多么困难，因为你不仅仅要自我成长，还要面对家人带来的阻挠甚至是压力。但是我仍然坚持认为，允许孩子独立是给他最大的信任和爱。父母永远去照顾孩子，精细地

[1] 高原期，又称为高原现象，是指在技能形成的中期、后期，水平停滞不前，不再提升并保持在一定水平，甚至会有所下降。

付出，是对孩子独立勇敢创新和百折不挠精神的破坏。

我不能改变引导他成长的其他人，但我可以尽量给他创设独立成长的可能，比如更多的陪伴。我在一个有碍于儿童正常成长的世界所努力付出的抗争，就是为了尽可能减少他未来的糟糕状态。希望有一天他长大明了之后，会以同样的努力面对自己的后代。

Bob 爸有话说

生活中有太多的事情在证明孩子不行，证明孩子不值得信赖，证明这个世界太危险。这些担心其实是对孩子的诅咒，会让孩子陷入一种无助的境地不断挣扎，而不是推动他们踏上攀登高峰的征程。

［**爸妈再想想**］

成长环境对孩子的影响，较之学校教育，哪一个更加重要？

这样帮助 Bob 先生理清他犯的错误

导读：是否惩罚孩子，一定要看之前是否有过预先告知，是否对孩子有过具体的要求。

关键词：犯错　沟通交流探讨　引导认知

晚上回来，发现 Bob 先生和他的妈妈都不在家，我就在沙发上小憩。

8 点 20 分，Bob 先生和他的妈妈回来了。还没有见到人，就听见

Bob 妈妈气急败坏地说：“马上召开会议，今天出大问题了”。

吓我一跳，什么大问题这么严重？

大量的信息连珠炮一样扑面而来，我不动声色地听她讲完后，然后就和 Bob 先生开始一问一答：

问：今天发生什么了？

答：我今天偷偷跑出学校，买了 10 块钱的东西。

问：你哪里来的钱？

答：前两天要买书的钱没有用，就留下来了。

问：你买什么了？

答：买了 5 包卡片。

问：什么时候去买的？

答：上合唱课之前跑出学校去买的。

问：买来做什么呢？

答：玩，还分了一些给其他同学。

问：咱家不是有好多卡片吗？是不是一样的？

答：是一样的。

问：那为什么还要买呢？

答：他们（同学）想要。

问：你知道犯什么错误了吗？

答：不应该买卡片。（之前他妈妈不断地重复：他偷偷去买小摊上的东西。）

问：那你为什么要偷偷跑出去买？

答：他们（姥姥姥爷）不让我在小摊上买，说让我去万通买。

问：好，你再重复一下，今天你犯什么错误了？

答：不应该去买东西。

问：你不是不应该买东西，而是不应该在错误的时间买东西。在我们同意你自行离校回家之前是不应该私自出校门的，对吗？

答：……

问：知道以后怎么做了吗？

答：知道，不私自出校门。

问：如果爸爸妈妈不问，也不调查，你仍然能做到吗？

答：能做到。

Bob 爸有话说

气急败坏永远不能有智慧地处理好事情，还会带来与其他家人的冲突，也会让孩子感到害怕，从而导致他下次犯错之后会想办法撒谎来逃避批评和惩罚。

孩子想在小摊上买喜欢的赛尔号卡片，老人不同意，甚至他妈妈也认为不应该。这是站在成人的角度看问题，没有用，也没有意义，不好。大人总想去更好的地方买更高级的东西，这完全不理解孩子合理的心理需求。当然，我并不是说玩卡片就有意义，但我们应该考虑孩子合理的心理需求。

孩子犯错误是必然的，这是教育孩子的最好机会。他妈妈不断地说，这次一定要严惩孩子。可是我跟孩子谈完后，就让他去做作业了，我说："这件事情就到此为止。"他妈妈摔门而去。要知道，是否惩罚孩子，一定要看之前是否有过预先告知，是否和孩子有过具体的要求，如果是新出现的意想不到的错误，那么只要不是原则性和危机性的错误，就应该利用这个机会来帮助孩子，让他们知道正确的做法是什么，而不是仅仅指出什么是错误的。无原则的惩罚只会让孩子学会撒谎。

Bob 妈妈气急败坏，摔门而去，但是没过 20 分钟就恢复了正常，可以用很好的态度跟孩子说话了，这是她的进步。

大人完全没有必要为孩子犯一个错误而发怒，一则对自己身体不好；二则破坏家庭环境；三则让孩子很紧张，担心父母不爱自己了，后果很严重。我们自己看看身边的人，但凡小心谨慎反复犯很多错误、没有自信、没有能力的人，他们的父母往往都是很严厉的人。

[**爸妈再想想**]

父母很难站在孩子的角度去理解他们一些“幼稚”的需求。成人思维是造成各种“问题”的根源——其实这本不是什么事情，只是因为成人的要求、成人的思维模式，而被认为是一种问题。孩子提出来的所有需求是否都需要无条件满足呢？

我的责任无须接纳

导读：在孩子成长的过程中，我无数次感受到一些挑战，就是往往说了不算的是大人，而非孩子。为此我只好转换观念，多损失金钱，少损失信誉，誓死捍卫这种了不起的精神。

关键词：接纳原则　契约承诺　责任承担

Bob 先生很活泼（有些人则认为是调皮），是比较出名的。我记得他刚上幼儿园的那段时间，他基本不会坐在小凳子上听老师讲课，总是满屋子乱窜，我行我素，和《窗边的小豆豆》里的主角小豆豆同学一样。

有一天，他在课间弄坏了一个扫帚，老师要他赔偿损坏的公物，私下却对 Bob 妈妈说只是吓唬吓唬他，不用真的赔。想来老师也是希望通过这件事情给孩子一个教训，并不是真的要惩罚他什么，对此我非常感谢老师的用心。不过 Bob 和我想法一致，坚持买一个新的赔给学校，这是原则！

Bob 爸有话说

Bob 先生和我并没有按趋利避害的生存法则行事，而是选择了坚持某种责任的担当。在孩子成长的过程中，我无数次感受到一些挑战，就是往往说了不算的是大人，而非孩子。为此我只好转换观念，多损失金钱，少损失信誉，誓死捍卫这种了不起的精神。

[**爸妈再想想**]

赔一个扫帚会花费几元钱，让孩子承担做事的后果会得到什么呢？

Bob 先生闯祸了，这真是一件让人高兴的事情！

导读： Bob 先生犯错误，很让人痛心，作为孩子的父亲，这意味着我在教育方面的缺失。同时，这也让人高兴，因为我们又有了共同成长的机会。

关键词： 犯错　闯祸　问题认识　谈话

Bob先生又闯祸了，和同学打闹，失手把颜料袋丢到老师的车子上。当天晚上我们召开临时家庭会议，我们严肃地和他谈话了，谈话的重点是：

（1）如实描述过程。

（2）他应该认识到自己的错误。错误不是把颜料袋丢到老师车子上了，而是在学校规定不允许打闹的地方打闹，造成了不良后果。我个人认为，失手不算错误，不必批评，应该批评本质性的错误。

（3）确定一个概念：学校的基本规定，必须遵守。

（4）请他说出下次遇到同类事情应该如何处理。

（5）马上写一个检讨，把事情说清楚，明天交给老师。

（6）明天去班主任那里承认错误，要承认自己的本质错误是不应该在这些地方打闹，并承担失手所造成的后果。不要找其他同学的理由，也不要辩解。

另外老师还告了一个状：

（1）他坐在窗边，把纱窗抠了一个洞，希望家长教育孩子不要抠纱窗。

（2）开暖气旁边的阀门玩。

对此，我的看法是：

（1）他经常抠东西。在我家，他桌子旁的墙也被抠了一个洞。

（2）他开暖气阀门是想研究到底怎么用，动了有什么效果。他还告诉我，当转盘转到一定程度就转不动了。

我的做法是：

（1）希望老师能够换一个位置，让他坐的地方不能抠到纱窗。他自己说现在已经不抠了，那是以前抠了留下来的洞。这个问题，我基本不会批评他抠纱窗，因为我知道他闲不住，手痒，不是想干坏事，所以只能换一个位置来解决。这个问题长大了自然就不会有了。

（2）再次重申：别人的东西不可以随便动。纱窗是学校的，暖气也是学校的。别人的东西，在不了解的情况下，在未经同意的情况下，不要轻易动。包括其他同学的东西和身体也不能动，这是基本要求，没有什么原因和道理。

虽然我也会讲，纱窗破了会跑进蚊子，暖气弄坏了会影响很多，但是我们不做这件事情并不是因为我们知道明确的后果，而是因为不能随便动别人的东西，这是原则。很多人喜欢强调事情的因果，其实你哪里可能让孩子明白天下所有事情的因果？重要的是原则。

Bob 爸有话说

养孩子难，在于事情发生后你所秉持的态度会产生极大的后继影响，而我们都是新手父母，很难把所有事情做好。养孩子也很容易，你通过学习，掌握儿童的发展规律之后，会发现一切都在意料中，就不会对未来过于焦虑。焦虑是智慧的大敌。

每一个孩子都会犯错误，每一个成人都会犯错误。父母需要真正关注的，不是避免犯错误，而是犯了错误之后，如何让这件事情成为成长的契机，成为彼此进步的可能。

[**爸妈再想想**]

孩子犯错误，是帮助孩子认识问题、适时成长的最佳时机。很多事情你无法通过前瞻的、抽象的学习来预防问题的发生。如果我们如此恰当地处理了孩子的错误，但是他们并没有从中吸取教训，而是不断地犯各种各样的错误，这是否意味着我们所遵循的价值体系有问题？

耽误 Bob 先生重要的事情了，真是抱歉

导读：父母要小心谨慎地甄别老师的要求，要想方设法化解不合理的要求、有隐性伤害的要求，在生活中要注意接纳和尊重孩子，以弥补应试教育带来的挫败。

关键词：成长的烦恼　周末午餐　看电视　讨论聊天

有一天晚饭后，按惯例我们会在吃饭的时候一起看《成长的烦恼》。没有想到的是，我的存储卡不知道丢到哪里去了，那就看看其他轻松有趣的节目吧！没有想到的是，电视盒子里面的视频点播软件也被禁止了，于是我们什么都不能看。

这样，我们就可以有很多时间聊天了。

从电视盒子视频点播被禁用开始，谈到之前看的一部片子《我在伊朗长大》，谈到美国，谈到欧洲，谈到埃及金字塔和埃及文明、希腊文明和罗马帝国，以及中华文明。虽然是泛泛而谈，虽然是和他不带主观意识地交流一些碎片知识，但是这样的交流可以随心所欲、畅所欲言，我能从中发现 Bob 先生对这种交流、沟通、心灵碰撞的极大满足。

这是我努力了很长时间，希望能够在家里做的一件事情：大家坐在一起天南海北地聊天，不用批评谁，也不用纠正谁。没有什么要紧的事情，也没有什么大不了的事情，我们可以充分地对某件事情交换看法，我们可以从对方那里了解到彼此的想法。表面上看这种无所事事的状态似乎没有意思，其实真的很有意思，这让我想起读书时代和同学们永无止境的话题探讨……

聊到 8 点多，想起还有好多事情。其中有一件事情是，Bob 先生要做一个进步的展示。他告诉我们，他是班上最调皮的孩子之一，被称为“进步生”。这次有机会做一个进步生的进步展示，看上去这对他很重要。他妈妈很反对他做这个东西，认为他是一个正常孩子，不要让他以进步生自居。

对于这件事情我是这么看的：

（1）学校给一些孩子贴上调皮的孩子、进步生的标签，其实是对儿童的一种羞辱，是对儿童的歧视。表面上看可以促进小孩子为了摘掉帽子而努力，实际上对他们内心的伤害是无法弥补的。

（2）Bob 先生的调皮我是知道的，他有时候会控制不住自己，上课讲话，有时候会喜欢去玩东西而无法把握好轻重原则而带来破坏性的后果。

（3）Bob 先生虽然被贴了标签，但是他内心仍然希望进步。当然，不是因为被贴了标签，而是因为所有孩子都想做好孩子，如果世界还给他们机会的话。一个孩子仅仅为了做一个家长、老师眼中的好孩子而努力，而不是为了做一个了不起的人，为了他们自己生命成长而需要进行的探索、自主学习、不断试错而努力，我认为这是可悲的现实。但是我仍然要支持他的努力。

（4）Bob 先生不是那种不知道对错的孩子，也不是不知道原则的孩子，虽然他有时候做不到。我很欣赏他的不放弃，在很多额外的压力下仍然能保持积极的心态和勇于面对的行为。每当我看到他逐渐成熟却仍显稚嫩的脸庞，想到他在家庭里和在我面前能够享受到片刻的尊重和自由，我就觉得这个孩子和其他孩子相比，真的很幸福，无论他现在承受了些什么压力。

（5）我决定和他一起完成这个进步生的展示。

于是我做了一个版本，请他提出改进建议。这时候已经快晚上 10 点了。

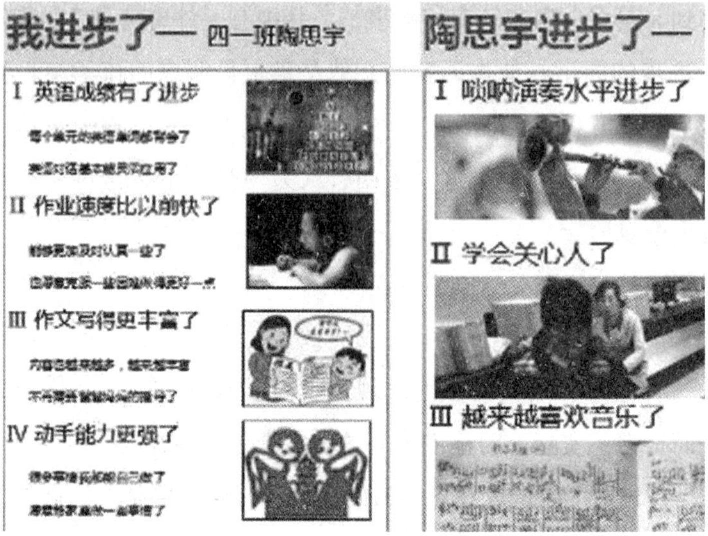

我说，明天早上再打印。

第二天早上，我忘记了这件事情，他也忘记了。

他希望第二天能带到学校的东西，因为我没有今日事今日毕而耽误了。

真的很抱歉，Bob 先生！

Bob 爸有话说

学校有学校的要求，老师有老师的要求。并不是所有的要求都很合理，也并不是所有要求都对孩子的成长有利，甚至很多要求其实对孩子的心灵是一种伤害，对孩子的成长是一种摧毁。

[爸妈再想想]

在孩子的成长过程中父母不能仅仅是纠错，更重要的是发现孩子的进步。我们可以发现在现实生活中，父母把所有精力都放在孩子的学习成绩上、纠正错误上，这种家庭里的孩子往往不能在更高的层面获得成长——光是那些问题本身就足以令他们焦头烂额了。在培养孩子多元价值体系的时候，孩子并不感冒、也不愿意去尝试体验，父母该怎么做呢？

怀揣着某种梦想走在回家的路上

导读：如果有可能，我真愿意每天接送孩子上下学，不是担心他会出问题，而是喜欢和他聊聊天。

关键词：聊天交流　探讨学习　梦想　希望

晚上 7 点，我去姥姥家接 Bob 先生回来。

在路上，他开始给我讲学校的事情。

Bob：“今天班主任老师没有布置作业，但我要求自己强力复习了语文。”

我：“真好，少布置作业可以有更多时间玩。”

Bob：“今天另外一个同学的笔掉到地上，考试被老师打了零分。”

我：“真不公平，每一个老师处理问题都有不一样的风格。”

Bob：“我都想当老师了。是不是当了老师就不能搞音乐？”

我：“可以的啊，刘欢就是在大学当老师、自己玩音乐。”

Bob：“我认识刘欢，他就是唱《好汉歌》的。”（这两天他正在练习吹奏《好汉歌》。）

我：“他还在北京奥运会上演唱过，真是了不起……”

我接着说：“你想当老师，真好！爸爸最佩服三种职业，不对，是三种人。一种是好老师，一种是好爸爸，一种是好妈妈……”

Bob:“‘好妈妈胜过好老师’，所以还是当好妈妈好，可惜我当不了。”

我:“你可以做好老师，同时也是好爸爸，天下无敌!”

Bob:“明天要考语文了，考不好怎么办?”

我:“成绩波动是正常的，万一考不好，正好暴露你平时学习出现的问题。”

他心中怀着某种梦想，快乐地跟我回家，主动练习吹唢呐，之后和我下了3盘象棋，输两盘，赢一盘。我又让他自己去读半个小时书。

我跟孩子妈妈讲：读书比学习知识更重要，读书是增加学问，学习是增加知识。有学问有知识，是一种美德。

Bob 爸有话说

学习知识是很简单的事情，而且可以通过搜索引擎来获得，而学问则富含对生命的追求，为某种了不起的使命而做的积累，其成就是坚持后的一种必然。

[爸妈再想想]

“路上”很适合亲子交流。彼此分享对一些事情的看法，不但可以化解孩子内心的困扰，还可以传播知识和价值体系。如果孩子不愿意对我们说心里话，该怎么办?

我打赌输给 Bob 先生 10 块钱

导读：这就是我和 Bob 先生的亲子生活，我们几乎不吵架，从不伤害对方，平等自由，其乐融融，一起玩牌，一起玩音乐，一起成长。

关键词：打赌　输赢承诺　契约精神　执行力

每天晚上 Bob 先生都要练习唢呐，如果时间充裕就多练一会儿，如果时间紧张就少练习一些。总之，不能练习到太晚，否则会招来邻居的投诉。

有一天晚上，在练习前他到处找唢呐，我看到一只唢呐放在了钢琴上，但没告诉他。

他终于找到他的唢呐盒子，说："我找到了！"

我多嘴说："盒子里是空的，我保证。"

他不信："不是空的，可以打赌。"

于是我约定下注 10 块钱，然后打开盒子一看，果然是有唢呐的。那钢琴上那只是怎么回事？原来是我头天试吹的时候顺手放到钢琴上的另外一只。我乖乖输给他 10 块钱。

看来，眼见也不为实，有时候我们确实会被自己坚信的东西所迷惑。

Bob 爸有话说

除了打赌之外，只要有时间我们都是通过玩石头剪刀布游戏来决定谁刷碗。最近几次我都输掉了，他看到我输得很惨，越发兴奋。

我为什么要打赌？因为这是体现一种愿赌服输的承诺，一种口头的契约精神。为什么要划拳来决定洗碗？因为这代表平等，同时也代表对约定的承诺。

为什么下棋我不让他？因为这代表他需要接受现实。为什么他叫 Bob 先生？因为这代表独立的精神世界，与父母之间划清了边界。

［**爸妈再想想**］

在一些家庭，父母和孩子间早已失去了信任。在这种情况下，父母要想把好的经验或者做法传递给孩子，让他们愿意去尝试，会变得非常艰难。这种不信任会让孩子否定父母的所有期待，长此以往孩子就会无法辨识真相，这是一种非常可怕的后果，甚至可能带来血的教训。如果孩子不愿意遵守规则，对一些事情纠缠不清该怎么办？

30层爬楼梯比赛，我输了为什么还那么快乐

导读：为了证明自己值得信赖，我坚持爬完了30层楼。这是一个值得接受的挑战。

关键词：比赛承诺　面对成败　坚持

跟Bob先生去姥姥家的新房子，一栋30层的楼，很高。

我们从12层往下走，突发奇想，要不要尝试一下爬上30层楼是什么感觉？我一提议后就开始后悔，确实有点儿高，有挑战。可见，我也经常说一些自己都会反悔的话。

Bob先生很兴奋，非要我跟他比赛看谁先爬上30层。

君子一言，驷马难追，既然说了，再困难也要面对。那就比赛吧！

我从5秒开始倒计时，搞得Bob先生很紧张。紧张归紧张，该面对的总是要面对。

他开始拼命地往上奔跑，一步两个台阶。我却一步一个台阶，轻松有序地慢跑。

慢慢地，他开始跑不动了，我可不能让他，我超过他了。

慢慢地，我也跑不动了，开始停下来喘气，他看准机会，超过我了，且始终保持一层楼的距离。

终于到了顶层，他赢了，他很高兴。

我输了，我也很高兴。

我们进入楼顶，吹着春天里的小风，挺惬意。聊了一会儿天，看了一会儿风景，然后就下楼了。

Bob 爸有话说

这个过程发生了什么？

（1）挑战未曾尝试的极限。

（2）目标明确后，坚持到底有多么重要。

（3）挑战成功后你能看到与众不同的风景。

（4）获得全新的快乐。

（5）一段共同回忆。

（6）爬上 30 层楼到底是一种什么样的体验，只有爬过才知道。

[爸妈再想想]

生活中处处都有教育，处处都有拓展。父母说话一定要谨慎，说出的事情尽可能做到才能获得孩子的信任。如何才能让孩子愿意和我们一起行动呢？

第九章

生活给予孩子的安全感和价值感

安全感和价值感是每一个个体对现实生存意义的强烈感受，也是孩子应对未知挑战的坚实基础。在生活中构建孩子的安全感和价值感，是每一个父母都要学会的最有效的激励方式。

高要求带来的心有余悸

导读：美好的期望需要正确的实现过程，先易后难是较好的选择。

关键词：小班　洗脚　痛苦　老人

北京的天气时好时坏，却丝毫不能改变幼儿园小班 Bob 先生快乐地成长。不过最近两个月以来，他洗脚时出现了一些困难。每天晚上爸爸妈妈开始给他洗脚的时候，他一定会反复地叮嘱，不要给他洗脚指缝。

爸爸妈妈答应了坚决不洗，但是在洗脚面的时候，他仍然会挣扎、尖叫，很长时间都毫无改观。

原来，此前有一天，家里的老人给孩子洗脚的时候过于认真，用力过猛，导致孩子至今仍然心有余悸，无法坦然面对洗脚这件事情。

这个问题让我和孩子的妈妈很苦恼，同时也开始思考在教养孩子方面需要注意的一些问题。

Bob 爸有话说

生活中，我们太喜欢用高标准严要求来达到完美结果，恨不得马上就能够把事情做好，把美好的目标达成，结果往往会忽视过程中可能出现的问题。洗脚是一件小事情，但小事情做不好就会变成大问题、老问题。很多事情都需要遵循先易后难的原则，做起来才有可能成功，才能获得进一步的支持和配合。

[**爸妈再想想**]

让孩子愿意配合做一件事情，并不是由这件事情的重要程度来决定，而是由他们当下能接受的程度来决定。让孩子做一件事情，是他愿意配合重要，还是把这件事情马上做到我们心中的要求更重要?

用手机来连接世界

导读：让孩子拥有一部手机，不仅仅是方便使用，更重要的是体现一种尊重——他与别人没有什么区别，他独立拥有与世界连接的工具。

关键词：手机微信　移动互联网　身份 ID　工具　游戏　连接

这个世界变化很快，显著的现象之一就是手机淘汰得很快，即便我不是一个手机硬件控也会感觉到这种趋势。我使用的手机之所以被淘汰，完全是因为硬件不能支持当下的应用。

我新淘汰下来一部手机，送给 Bob 先生，他很喜欢，也很兴奋。从此他就正式拥有了自己的手机号码和微信号，也算是有身份 ID（手机号）的人了。

Bob 先生最常用手机来做的事情：

（1）用语音助手问问题。比如某词的反义词到底是什么，比如曹操死于哪一年，比如“繁花似锦”的“繁”字怎么写。

（2）玩游戏。“植物大战僵尸”“全民突击”“我的世界”等。

（3）微信。有时会上微信去回复一下别人发的信息。

（4）看学校和乐团的通知。

与此同时，也有人开始担忧了，比如家里的老人。

我想，家人的担忧也是有原因的。毕竟大家都会有一种担心：这会不会让他沉溺于手机游戏？会不会让他从此不学习？会不会让他的近视加剧呢？

我有不同的想法。小孩子肯定会喜欢游戏，肯定会乐此不疲，但并不是说有趣的事情就是荼毒。既然手机游戏那么有趣，必然就能给孩子带来快乐。既然快乐没有什么不好，就不要随意禁止，解决问题的关键是要有基本的规则。

会不会让孩子从此不学习呢？可能性很小，因为孩子天生就爱学习，你不让他们去上学，恐怕他们也是不干的。再说，学习过程更像玩一场没有终点的游戏，学习就是练功，考试就是闯关。考好了是奖励，考砸了就是激励，事情不会变得“非此即彼”。

会不会近视？长时间用眼肯定会更容易近视，但我并不会因此就禁止孩子用手机。正如我们知道，肉吃多了会长胖，会带来心脑血管方面的问题，但是你不应该也不可能因此禁止吃肉。关键是规则，控制好每次使用的时间，就能很好地解决这个问题。

担忧归担忧，移动互联网的应用已经开始植入每一个新生代孩子的生命体系，不可逆转！

Bob 爸有话说

我让孩子拥有自己的手机，还基于如下考虑：

（1）孩子成为一个独立的个体，拥有私人的物品，这具有某种象征意义。

（2）孩子可以用手机来辅助他完成一些学习上的事情。

（3）孩子可以提前开始使用一些手机里的应用，体验应用的设计和操作。

（4）孩子开始玩微信，打通了与世界连接的全新途径。

（5）在使用的过程中去观察孩子，力求培养他合理使用的能力，自我管理的能力。

［**爸妈再想想**］

未来的竞争一定会在技术的创新和应用上。如何把握好高科技产品使用与现实生活的平衡呢？

有梦想，生活就会有奇迹

导读：和家人一起看电影，是一个很好的选择：不怎么说教，却让人印象深刻。

关键词：电影　动画片　魔法　梦想

为了让家庭生活丰富有趣，我花了 2000 元买了一台投影仪，连上视频盒子，就能在家看大片。之所以选择投影仪而不是一台大一些的液晶电视，出于两方面的考虑：一是液晶电视现在还比较贵；二是投影仪看上去更高科技一点儿，给人的感觉与众不同。

有一天我们看完美国梦工厂出品的动画大片《极速蜗牛》，Bob 先生问道：“真的会有魔法吗？这个蜗牛如此之快。”

“当然，有梦想就会有奇迹。”我答非所问。

Bob 爸有话说

“永远不要放弃希望，永远要心存梦想”，这是我教养孩子的一个很重要的方面。因为没有精神的指引，剩下的就只有物欲满足了，这不足以支撑孩子应对未知世界的挑战。

跟孩子一起看电影，是我喜欢做的一件事情。这是彼此之间共同度过一段美好时光的好选择，同时电影也是最好的学习媒介之一：它不怎么说教，却让人印象深刻。特别喜欢美国制作的动画大片，除了精美的视觉效果之外，还有它所传递的人类普遍认可的价值体系和信念。

推荐父母和孩子可一起观赏的电影：

（1）迪士尼的动画大片。

（2）皮克斯公司出品的动画大片。

（3）梦工厂出品的动画大片。

（4）豆瓣网评分在 7 分以上的动画大片。

[爸妈再想想]

事实是什么并不重要，重要的是梦想和希望。那么父母应该如何跟孩子解释“魔法”呢？

孩子最在乎的东西竟然是父母的笑容

导读：父母的笑容，远非一个“笑容”本身的意义，它意味着孩子在成长中感受到的安全感，意味着家庭的可靠性。

关键词：父母的态度　笑容　安全感

有一段时间，几乎每个周日中午，我和Bob先生都会在吃饭时看一集《超级育儿师》。一次，我无意中说了一句话：“这家孩子缺爱，父母对孩子没有耐心，没有接纳，孩子根本就没有感觉到爱。”

没有想到，Bob先生问了一句：“爸爸，你知道小孩子最在乎什么吗？”

我就问他：“你觉得他们最在乎什么？”

他说：“小孩子最在乎爸爸妈妈的笑容。”

听了这句话，我一怔，然后恍然大悟，说：“谢谢Bob告诉我这个，我知道了。”

当时，我突然想起我小时候最害怕什么了。我害怕父母劳顿辛苦，我害怕父母因为自己表现不佳而生气，我害怕妈妈上夜班后没有人陪我。而我最高兴的是看到父母高兴时的笑容，无论为了什么。

记得有一年，我父母和邻居吵架，最后打起来了。这时候，我跑到厨房去，拿起菜刀就要去跟别人拼命，被我爸爸夺下来了，他说不能这样做。我想，当时我是愿意为了父母不至于愁眉苦脸面临困境而付出一切的。

过了这么多年，我没有想过，我竟然还如此在乎父母的快乐。我以为离开家乡，远走高飞，好男儿志在四方，但是从内心来说我仍然在乎他们的快乐和微笑。我以为我真正地完成了与父母依恋的分离，没有想到的是，当我偶尔孤独的时候仍然在想，我的父母他们现在过得好吗？是否还在为一些小事情而烦恼呢？

Bob爸有话说

在乎是在乎，但是这种关系要分开来看。

首先，孩子在成长过程中，需要的是可靠的安全感，只有当生理需求、心理需求得到满足之后，孩子才有可能去为自我实现而奋斗。这个过程中，父母的笑容意味着对孩子的认可和接纳，意味着孩子可以在父母这里得到更多的支持和帮助。如果父母没有笑容了，孩子会明白家庭里一定出现了问题，无论是经济问题还是家庭成员之间的关系问题，都会增加家庭的不稳定因素和未来的不确定性。那么，孩子的心思就会更多地用于揣测和惊恐，而无暇顾及自己的成长问题。

由此可见，父母的笑容，意味着孩子成长的安全感，意味着家庭的可靠性，远非一个“笑容”本身这点意义。

现在对于大多数家庭来说，孩子所需要的底层的物质安全保障已经不再是问题了。而很多家庭随着孩子的成长，父母的笑容越来越少，这给孩子的成长带来了很多困扰，问题出在哪里呢？

主要还是对孩子成绩的索取。大多数家庭，温饱不是问题，对于孩子的成长来说，最大的困难解决了。但是，因为父母担心孩子当下的成绩不好，会影响到孩子未来的升学、择业和生活，甚至幻想孩子可能因此一辈子就完蛋了。这种超级想象力，剥夺了父母脸上的笑容。而这对于孩子来说，未来的生存可靠性就失去了，那么就会导致孩子状态越来越差，内心越来越脆弱。

如果孩子成绩不佳，父母内心不安定的因素会给孩子带来非常多的负面评价，会带来更多的不满意，比如用天下孩子的优点去对比自己孩子的缺点。在这个时候，成绩已经不是唯一让父母失去笑容的原因了，由此带来的对孩子行为习惯的不满，对孩子言谈举止的不满，从而对未来产生更大的焦虑，直至孩子、父母、家庭处于一个崩溃的边缘。因为父母的笑容越来越少，孩子的心理压力越来越大，整个家庭就会失去前进的动力。

或许某种机缘会让孩子觉醒，不再纠结于父母的笑容，而发誓要把学业进行到底，从而改变了自己的命运，改变了父母的命运，改变了家庭的命运。但是，这或许只是表象，在这个改变了命运、长大成人的孩子的内心，恐怕一直都有一些心理欠缺，就是他需要不断地提高对自己的要求来证明自己，或者是不断地做得更好来讨好父母，而忘记了自身的使命。那么这样的孩子还是没有走出内心的煎熬。

这还算是一个比较好的结果。比较糟糕的，可能就是导致孩子对未来绝望，对父母绝望，对家庭绝望，在生活中找不到支持的力量，在学校中不断地受到以成绩为导向的价值评判。这样的孩子唯一可能逃避而保护自己的行为就是放弃学习，锁闭心扉，让一切痛苦的根源无法触及自己的心灵。显然，这只是假象而已，因为心灵已经被挫败，已经不再有力量，唯有逃避与放弃。

父母多一些笑容真的那么难吗？父母的笑容，能不能不依赖于孩子的成绩？父母能不能不只关注当下的挫折，而永远保持乐观向上的精神面貌呢？

当然能，不过这需要父母做出巨大的改变。但是，无论这种改变有多么艰难，它都是值得的——因为这意味着你是在用一种生命去影响另外一个生命。

那么，父母就应该采取一些行动了。

第一，要了解、明白、认可“作为父母，我们的笑容，我们的精神面貌对于成长中的孩子来说是多么的重要”。这是转变观念的过程，这是重塑我们对生活的认知的过程。

第二，作为父母要深知自己的精神面貌对于家庭的支撑作用，那么自己就要成为一个有生命力的人。有生命力的人，是要为家人的福祉而放弃什么、努力什么的，不仅仅是提一个要求、做一个评价这么简单。那么我们的生命力从何而来？

有几种可能。一种是自我成长，通过阅读、电影、探讨分享，不断地思考，坚定信念，获得力量。

还有一种是通过他人对自己的认可和爱，通过价值体现，通过为他人谋福祉而获得价值感，从而获得力量。正如《爱的五种语言》所述，当我们的爱箱满了之后，我们才会有能力去爱别人。不过这一点相当不容易，因为我们自身就是有过多缺失的人，我们自身就会对未来过于缺乏自信和希望，很难在生活中、在工作中获得这些必要的价值感。

还有一种，则需要通过有目的的学习。比如，通过家庭教育的课程学习来了解规律，通过心灵成长课程来获得内在的重生。这是最快捷的方法，但是需要当事人清楚地明白，“我需要改变，我需要进步，我需要帮助”。能够自发产生这种观念的人，要么是因为悟性超高，要么是因为痛得不能再痛。而大多数人总是在质疑、犹豫中摇摆不定，不愿意在这方面投入时间、精力、金钱等。

不管你是哪种情况，你的期望你自知，你的痛哭与快乐你自知，至于是否需要改变，这是你要做的决定。

为了彼此的未来，在孩子做得好的时候多一些会心的赞赏，在孩子做得不好的时候，多一些耐心告诉他们正确的做法。放弃简单粗暴的评价和指责，因为这于事无补，只会破坏家庭的和谐，给孩子造成心理阴影，挫败他们的勇气和自信。

在生活中多一些笑容吧，这很容易做到，成本低、效果好！

［**爸妈再想想**］

父母脸上表现出焦虑、伤心欲绝，对于孩子来说意味着什么样的压力？这些压力他们有可能解决吗？如果不能解决，将会对他们带来什么样的影响？

热爱生活才会装扮节日

导读：让孩子们发现节日的意义，这正是我希望孩子能够发现的生活真谛之一。

关键词：节日　装扮生活　春节　意义

Bob 先生是一个热爱生活的小家伙。年前也主动要装扮家里，和姐姐去万通商城买了不少年货，有大灯笼、发光的小灯笼、剪纸、各种民族工艺挂件等。

奶奶说："买这么多东西干什么，没什么大用。"

我说："可以增加节日气氛，让我们感觉我们正在过春节。"

Bob 爸有话说

孩子在春节前就有一个想法，要自己去买年货，要把家里装扮一下。这是父母通常都要做的事情，现在有人愿意一起去做当然是好事。并不是说孩子帮我们分担了责任，更重要的是，我发现了孩子对节日的憧憬，对节日意义新的理解——它是一个家庭的节日，它是一个需要一起努力为之做点儿什么的日子。

［爸妈再想想］

让孩子在家庭中承担一些事情，其实是在奠定孩子在家庭中的地位和体现他的价值。只有真正地参与其中，才会有存在感。孩子在家庭中有价值，对于他未来的学习和生活又会带来什么有益的帮助呢？

美好家庭的典范是这样的

导读：一个有爱的父母、一个有爱的家庭到底应该是什么样子？《成长的烦恼》可以给你最直观的感受。这部电视剧一直被模仿，从未被超越。

关键词：活动　影视　周末　鉴赏学习　成长

《成长的烦恼》是一部很老的、曾经风靡美国的室内情景喜剧。喜剧是它作为一部电视剧的属性，但是它具有更加非凡的意义——最好的家庭教育指导案例。你可以通过这部电视剧了解到一个真正意义上的好父亲应该关注什么、一个真正意义上的好母亲应该如何去爱孩子、孩子在成长的过程中会遇到什么问题、父母如何帮助孩子解决成长的困惑、一个美好的家庭到底应该是什么样子……

最近这段时间，每逢周末的午餐时间，Bob 先生就和父母和家人一起看《成长的烦恼》。Bob 先生看得很认真，但是从不发表意见。我相信，他肯定从中发现了一个美好的家庭、一个有爱的家庭的生活方式。对于我自己来说，我也仍需努力学习，才能做一个更好的父亲和丈夫。

Bob 爸有话说

有些家庭很难培养孩子优秀的品质。并不是说父母不愿意做这件事情，而是他们不知道优秀的家庭应该是什么样子的。在这里我推荐大家看《成长的烦恼》，它在家庭教育方面所带来的积极意义，至今仍然未被超越。

[爸妈再想想]

让孩子明白什么事情不好很重要，更重要的是让他们知道什么更好。有了成长的榜样，孩子的价值体系才会构建，行为才能得到指导。如果孩子不愿意接受一些积极正向的价值观，不愿意看这些有价值的影视，该怎么办?

他怀揣着某种希望迎着风雪去学校

导读：在孩子成长的过程中，会有各种各样的成长需求真实地摆在我们面前，而我们可能会轻描淡写地忽略，然后再去花钱参加额外的、抽象的、不合时宜的训练。在我看来，处理好成长过程中的真实需求就是切实的进步。

关键词：约定　歉意　PPT　学习　创意

有次回家较晚，和 Bob 先生约定一起做一个 PPT 的计划被延迟了近一个小时。我回家第一件事就是向他表达歉意。

Bob 先生这两天要用 PPT 来演讲，介绍一个有名的数学家。之前我们经过讨论，确定了讲哥白尼和他的日心说（哥白尼同时也是数学家）这件事情。

想到 Bob 先生还没有正式用 PPT 做过文件，所以第一次由我来操作，他来指挥。于是我们开始了一小时的 PPT 制作之旅：

（1）用百度搜索了哥白尼的介绍。

（2）我们讨论确定了大致在哪几个方面进行介绍。

（3）我把每一个方面的文字复制到新的 PPT 页面。

（4）我们一起确定，应该删去哪些文字。

（5）他指导我哪里应该加一个标点，哪里的说法应该稍作调整，哪里的文字应该用多大的字号。

（6）我们一起用百度搜索相关的图片。

（7）他来确定用哪张图片以及图片在页面上的显示尺寸。

（8）他来确定文字的呈现方式和动画效果。

（9）他反复播放和解读了 PPT，最后满意了才让打印。

（10）打印完成后他兴奋地向妈妈作了试讲。

令我惊讶的是，在这个过程中，我真正感知到孩子的能力：

（1）他对页面文字和图片的布局有自己的想法，而且还不难看。

（2）他对内容的把握也有一定的认知。

（3）他设计的几个页面配上了动画。

（4）他能很快对事情做一个决定，比如用什么图片，怎么摆放。

（5）他做事情有一定的质量要求。

（6）他会审视全局，不断感受和调整。

……

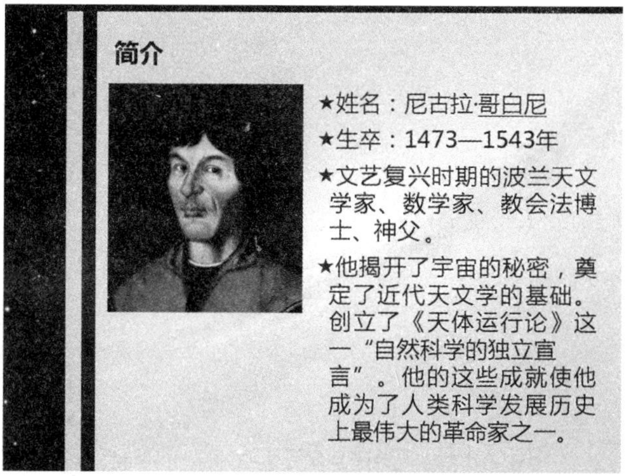

这是 Bob 先生第一次练习做 PPT，虽然绝大部分操作是我做的，但是他全程参与，并起到了决定性的作用。这是一个良好的开端，因为真正的操作并不复杂，下次他一定可以亲自动手了。

Bob 先生在头天晚上就开始想象他演讲时候的样子，他还不断地演练了如何感谢致辞，我相信演讲的那天一早，他一定是怀揣着很大的希望和期待，迎着入冬以来的第一场雪，快乐地走向学校。这难道不是喜欢学习的好兆头吗？

Bob 爸有话说

学校老师提出了一个真实的需求，我们一起为这个真实的需求进行了比较充分的准备，他也有把握让这次演讲有一些出彩的地方，比如里面的动画、丰富的图片等。我认为这是一个了不起的成长过程，学习的过程，能力发展的过程，学会做事的过程，信任自己以及学会合作的过程。

正是这种真实的需求，事情才有了真正的进展，我想这就是陶行知先生提倡的：生活即教育，在做中学。这应该远比模拟培训课程的价值高，孩子也更有真实的期待和成就感。

[**爸妈再想想**]

持续有效的进步，会带来正向的积极的结果。如果孩子不愿意去面对真实的任务，该怎么办？

有人陪伴的心灵才会真正喜悦

导读： 和孩子一起好好玩耍，远离敦促、批评、指责，就如同一株小苗在阳光雨露下，扎根于大地，自然而然地成长。我们的爱是深深的大地，我们陪伴孩子带来的快乐则是阳光雨露。

关键词： 周末　亲子　音乐　爱好　生活

有一天，外面下雪了，银装素裹，让每一个久盼的人分外兴奋。

Bob 先生 7 点半就醒了，我让他多睡会儿，因为他每天都睡得较晚，周末集中补一下。

他熬到 9 点左右起床，穿着秋衣秋裤洗脸刷牙吃完早餐后，就说先玩半个小时的电脑游戏《主题医院》，我欣然同意。

我推荐孩子们玩这个游戏，因为这个游戏充满想象力而且还很有趣。

半个小时后，时间到了，他叫我过去教他如何存档，以便下次可以接着玩。他告诉我玩的结果，我说还不错，下次你将会遇到更多的挑战。

之后他约两个同学下午去月坛公园玩雪。

午饭后，他让我在网上帮他找了一个《婚礼进行曲》的简单钢琴谱，玩了一阵，然后我们出发去月坛公园。

他和小朋友玩雪，没想好怎么玩，东跑西窜。我就说，你们几个要想一起玩，最好是有一个共同的目标，比如堆一个什么样的雪人。大家可以分工一下，Bob 先生你可以去找雪把它运过来，另外两个就专门堆雪人。建议说完，我征求 Bob 先生的意见，他同意了，并建议我去别处溜达，他留在这里和其他小朋友一起玩雪。

我去公园里面溜达了一圈，把我想拍的照片拍完后，回来看到他们还在那里玩雪。等他们玩得差不多了，我就建议他们和我一起打仗，我觉得随便扔扔雪没意思，要玩就玩真的，就要分帮派，确定对手。

大家玩得挺高兴，我被孩子们无数次地打中，显然我在这方面一点儿优势都没有。

Bob 先生和我一样，不怕被打，不怕输，不怕吃亏，越打越高兴。

离开公园后，他要去文具店买笔芯，我就借给他 5 元钱，他买了一支 1.0 粗的签字笔，喜欢得不得了，回家后就用这支笔写了一段乐谱。其实从内心来说，我是比较反对他不停地买笔芯和签字笔的，而且我也反对孩子带两支以上的笔去学校——带得多必然就会丢得多，少才会珍惜。他的笔和笔芯其实是够用的，而且他自己也跟我说另外一个同学一支笔能用一学期。但是想到是用他自己的零花钱去买，我还有什么权利去干涉呢？

晚上吃饭的时候，我们顺便开了一个家庭会议，就几件小事情提出来讨论，也都通过了决议。

晚饭后，我请 Bob 先生给我找一个盒子，要把奶奶的手机寄过去，顺便请他给奶奶写一封信。他说不知道写什么，我就说：你可以问候奶奶，然后说说你想说的话，最后祝福她一下。

于是 Bob 先生高兴地用他新买的粗笔写了一封信，还分享了今天下午去公园玩雪的事情。另外写了一个简单的乐谱，写完马上演奏给我听。的确还可以，有点儿意思，只是他奶奶虽然喜欢音乐，也玩音乐，但是对五线谱恐怕没有办法搞明白。会不会把他奶奶给急坏了呢？

晚上他该上床睡觉了，过了好一会儿，他叫我过去陪他。我说：“我还有好多工作需要做呢，你先睡好不好？爸爸爱你，晚安。”看看，我这个理由一气呵成，感觉既有充分的理由，也有堂皇的借口。可是他不依，非要我过去陪他。

一瞬间，我就想到他肯定是有话想跟我聊聊。于是，我就过去陪着他。

他问我：“你的工作很多吗？你的工作一定要今晚完成吗？”

这两个问题问得我很惭愧。工作多到做不完说明我能力有限啊。孩子求着我去陪他，我却找理由搪塞，到底孩子重要，还是永远也做不完的工作重要？到底是孩子当下的需求重要，还是一会儿可以做、明天可以做的工作更重要？

他跟我说了有关《婚礼进行曲》的一些问题，比如作曲者到底是谁，哪国的人，哪个时代的人；他给我讲述了乐曲开场用什么乐器，后面又是什么……

然后又问我："有没有感觉，如果睡觉不做梦，早上醒来会觉得只睡了一会儿。如果做梦，就会觉得睡了很长时间？"然后又告诉我最近他做的一个梦。

我跟他解释了感觉的相对性，解释了日有所思、夜有所梦的概念，但是我忍着没有讲《盗梦空间》和庄周梦蝶……

他终于困得不行了，然后说："爸爸你去工作吧。"

我说："晚安，爸爸爱你！"

他说："我也爱你！"

Bob 爸有话说

我能体会到，我陪他聊这些东西，会让他极其满意当前的生活，会让他对父母充满感激和爱意，会对世界更加接纳！会让他的心情很好，会让他无忧无虑，心中只有喜悦！

［爸妈再想想］

如何才能走进孩子的心里，这是实施家庭教育影响力的关键。高质量的陪伴是走进孩子心里的关键。如果孩子不愿意跟父母一起玩耍，该怎么办？

让孩子感受到生活的美好

导读：孩子们真的是天使，让我不断地发现生活的意义！

关键词：象棋　淘宝　作曲　生活

有一天晚上跟 Bob 先生下象棋，这是我俩的传统娱乐项目。厮杀两盘各有胜负，可见我的棋艺水平非常一般。

然后我们又一起上淘宝去淘了两个小玩意儿。当然，他买的东西是从他的零花钱中支付。

随后，我一起用钢琴玩即兴作曲。他说一个主题我弹，我说一个主题他弹。他即兴弹出的音乐，有莫扎特的古典风格，夹杂着一点民乐的旋律，奇妙而古怪。我弹出的音乐，则具有传统民谣的气息，外加一点台式浪漫色彩，莫名的美妙。

晚上睡觉的时候，他突然想起白天新装上的走马灯灯笼。于是他请我把彩灯和灯笼打开，为了看效果，他特意起来上了一趟厕所。

Bob 爸有话说

Bob 先生真是一个热爱生活、追求艺术、爱家爱父母的好孩子。

在我心中，生活的意义是什么？生活的意义就是为家人带来快乐而不是痛苦；生活的意义就是让孩子能够做理想的自己而不仅仅是父母想要的孩子；生活的意义就是接受当下的一切，无论富贵还是贫穷，并从中找到你的乐趣以及值得追求的东西！

[**爸妈再想想**]

观察生活中的点滴联系，不断地证明孩子美好的内在，会改变我们父母的心态，并以情感的方式传递给孩子。让孩子感受到生活的美好，他们才会对未来产生憧憬，才会去追逐属于自己的成功。如果孩子沉溺于自己的兴趣而无助于学习成绩，该怎么办呢？

后记

哈佛大学积极心理学：幸福人生法则的积极实践

20世纪发展起来的积极心理学，在家庭中主要倡导幸福的两个核心方面：一是当下的快乐，二是未来有意义的生活。只有拥有了当下的快乐和未来有意义的生活，每一个人才能真正获得人生幸福。

在生活中发现和创造当下的快乐

在陪伴Bob先生成长的过程中，我们通过满足孩子各种合理的需求来让他获得当下的快乐，比如陪伴他玩电脑游戏、玩角色扮演游戏、打架的游戏、枪战的游戏、各种棋牌活动等。

除了游戏，还可以通过影视鉴赏、亲子旅行等共同活动来获得这种对生活的满意，从而获得当下的快乐。

父母对孩子的爱与尊重、孩子在学习上的内在激励、孩子承担责任所带来的自豪感，这些都能给孩子由内到外的满足，从而让他觉得人生惬意，生活快乐。

在生活中铺垫有意义的未来生活

让孩子不害怕这个世界，孩子才愿意去发现和探索新事物，这需要家庭给他们信心，不要总是以安全的名义去恐吓他们。除了对万物的信心之外，更重要的是对万事的信心，不要因为他们犯错，不要因为他们缺少经验而让他们经常性地接受负面的评价和粗暴的对待，这将严重降低他们的价值感，让他们对自己和未来失去永久的自信。通过阅读本书，你可以发现有很多琐碎的高质量陪伴故事、无处不在的正向沟通交流内容和积极的心理暗示促成了孩子的自证，实现了这种自信的构建。

让孩子对当下生活感到满意，他们才会相信未来会更好，否则他们所有的注意力就会沉溺于获得当下的满意。让孩子在成长的过程中感受到自己的能力，感受到自己的价值，则会让他们更加相信自己，相信未来。只有如此，他们才会去做对未来有意义的事情，志存高远，确立梦想和目标，并为之不懈地努力。

除此之外，在 Bob 先生成长的过程中，我们还会一起去读万卷书（阅读、聆听、影视、聊天）、行万里路（骑行、徒步、旅行、体验），不断挑战新的领域，获得令人满意的存在感。还有各种了不起的梦想，比如挣钱、创业做骑行俱乐部、成为一个了不起的作曲家、成为民乐团的首席唢呐、成为一个了不起的钢琴演奏家等。Bob 先生的很多时间、很多事情都是围绕这些属于未来的、有意义的目标的，并且都是他的自我选择，他特别希望去实现这些梦想。

我想，本书中一些关于成长事件的描述，可以让你真正顿悟原来当下的快乐可以如此构建，未来有意义的生活可以如此做好铺垫！

萨提亚《新家庭如何塑造人》四个方面的有效实践

虽然我在孩子成长的诸多方面都有实践，但是从家庭的角度来看，最重要的实践则基于萨提亚在《新家庭如何塑造人》中提及的四个方面。

价值感

每一个人都会对自己有一些感觉和想法，这种感觉和想法是我们对自己存在于世的价值评价。你对自己有积极的评价，你内心认为自己是一个对家庭有价值、对社会有意义、对世界有贡献的与众不同的个体，这是高自尊、高价值感的体现。高价值感的人，才会做有挑战的事情，才会有意愿和能力去面对未来的不确定性。也就是说，高价值感的人才会拥有更多幸福和成功的机会，因为他们敢于面对。

如果一个人觉得自己什么都做不好，外界对自己的评价很低，自己无法在家庭中体现价值，无法在社会上发挥自己的积极作用，更谈不上对世界的贡献，就会感觉自己的存在是多余的，是无意义的，这就是低自尊、低价值感的体现。低价值感的人对自己评价很低，不相信自己能做好一些事情，对未来非常恐惧，面对挑战更容易选择逃避和放弃。所以，低价值感的人难以获得幸福的人生和成功的人生，因为面对不确定性他们总是逃避而错失获得进步和成功的机会。更让人难以接受的是，低价值感的人往往会在生活中去做无谓的抗争，通过向他人索取认可、索取爱、用暴力来证明自己的作用，以及证明自己看法的重要性，来弥补低价值感带来的缺失，这就会让整个家庭变成一个地狱。

为孩子带来高价值感，我在生活中做了非常多的实践。比如降低各方面的要求，让孩子更容易获得进步和成功的体验；比如从不鼓励高分，让孩子的内心依从于更多的价值支撑；比如陪孩子读书、游戏、打架、骑行、出游，这样的高质量陪伴能够让孩子感受到因为自己很重要，所以父母才会如此看重与孩子们在一起的时光；比如通过培养孩子照顾他人的意愿和能力，让他们感知到他们也可以帮助家庭，也可以为家庭带来意义；比如和孩子玩数字游戏、空间游戏，帮他解决背单词、突破乐器学习“瓶颈”的困难，从而让他们体验到进步，以此证明他们具有学习能力，一定能应对未知世界的挑战；比如通过每天晚上的互道晚安和表达坚定的爱的语言，让孩子获得爱与尊重的感受，从而让他们相信自己是值得爱的，相信自己是有价值的；比如在生活中对孩子错误行为的接纳、对孩子各方面努力和进步的赏识行为，来让孩子感觉到自己即便有些事情做不好，那也并不可怕，父母会帮助我做好，父母相信我能做好；比如在生活中满足孩子对游戏的需求、对玩具的需求、对食物的需求，这些合理的需求被满足，孩子就会很满意当下的生活，就会感激这个世界所赋予的一切；比如在生活中帮助孩子对恐龙进行深度探究，对《三国演义》进行多元探究，对音乐进行多元探索，都意味着父母对孩子成长各阶段的重视以及对孩子成长需求的支持。

上述这一切，已经能够在生活中很好地完成高价值感的构建。

沟通

每一个人都需要沟通。一个人独处的时候，他需要跟自己沟通，来决定一些事情以及应对这些事情的态度。与自己沟通，最为可贵的是真实的感受、理智的思考以及积极的心态。在家庭中，需要跟家庭成员沟通，以便让家人之间能够互诉衷肠而无须担心自己会受到批评。家庭沟通的意义不在于彼此说的事情的正确与否，因为家庭是一个需要情感的地方，而不是一个评价对错的地方，更重要的是你的情绪表达以及不同态度是否可以让彼此感到安全和舒服。所以自古以来就有“清官难断家务事”之说。在工作中，需要跟别人进行沟通，来达成共识，以便让正确的事情推进下去，从而产生效益。所以在工作中沟通更注重信息传递的准确性，以及达成一致的可能性。

能够给彼此带来积极的、有意义的、建设性的沟通，这是正向的沟通、正面的沟通。在本书中，我与 Bob 先生的正向沟通，并不是仅以某种特定的形式存在，比如在高质量的陪伴过程中，正向的沟通交流存在于经历共同美好时光时心与心交流的过程，比如我陪伴孩子打架、骑行、下棋打牌、早晚的问候。正向的沟通同时也会在问题出现之后，以家庭会议的方式出现，或者通过纸条的方式去善意提醒。沟通真正要关注的是我们的情绪、态度，而非你所传递的信息是否真正被执行下去。因为通过实践你一定会发现，好的心态带来好的态度，好的态度带来好的沟通结果，好的沟通结果才会带来真正的行动。

家庭系统规则

家庭系统规则，是家庭成员应遵循的行动规则。在很多显而易见的问题家庭中，要不没有规则，或者规则过于严格，要不就是规则非人性化、不可谈判与商量、永恒不变。而和谐家庭有明确的规则，且规则富有弹性，很人性化，恰当而且可变。

家庭系统规则其实可以分为两个方面，一是整个家庭运行的规则；二是孩子成长的规则。在整个家庭运营管理方面，我建议要有一个明确的主要负责人，每一个成员要有明确的分工。只有这样，家庭才能健康稳固，和谐完美。在 Bob 成长的实践中，规则是逐渐形成，并作用于家庭成员的。比如通过玩电脑游戏来构建时间管理和自我管理的规则；通过玩“石头剪刀布”来决定谁洗碗，以此来构建契约精神；通过家庭会议来形成解决问题的合理机制。在孩子的成长过程中，各方面的规则是弹性和人性化的——这体现了宽容和尊重。比如，允许孩子先玩 20 分钟再做作业，允许孩子选择先做数学还是先做语文，允许孩子玩游戏时间到了之后，仍然把当前这一关完成，等等。

社会的联系

每一个人都要与社会产生联系。从孩子能够爬行时就开始出现一种趋势——远离父母的视线，逐渐融入社会，与更多的人产生联系。只有如此，才能真正地获得外在的力量支持，才能完成自己一生的使命。在一个和谐家庭中，成长的很多方面都是面向分离而做的准备。而糟糕的家庭，这些面向未来成长所需的连接会被粗暴地控制甚至是禁止——很多这样的父母试图通过削弱孩子的社会化能力，让孩子的心灵永远禁锢在自己的身边，只有如此他们才会感觉到踏实和安全。这对于孩子的成长来说是毁灭性的灾难，因为他们将失去应对这个世界所有未知挑战的意愿和能力。对于他们的余生来说，生存永远是恐惧的，具有不可能面对的不确定性。

我很关注如何帮助孩子构建与外在世界的连接问题。比如给孩子配备手机号和微信号，让这件事情具有某种象征意义，以此来完成心理上独立以及完成与世界的无缝连接；通过阅读来完成与作者之间的思想连接；通过给孩子购买更多的建构玩具、射击枪战玩具来创造同伴共同完成挑战的机会；带孩子一起骑行和郊游，让他能够尽早了解这个世界的丰富多元，以及获得一种可以轻松应对的从容；等等。最重要的不是我们做了这些事情，而是彼此都满怀希望、充满信心地去做这些事情，孩子能看到的是未来无限的可能，而不是耸人听闻和威吓恐惧。

免费测评

测一测你在亲子教养中有什么特点，

你是孩子心中大象、老虎？或是水果、蔬菜？

我爸爸是很特别的人，他强壮、自信，他害羞、敏感，

他有一点像我爱画的大象……

我爸爸是个多变的超人，他严厉、认真，他温柔、耐心，

他有一点像我最爱吃的梅子干……

本测评结果中的分析和建议均由专业心理咨询机构完成

温暖、保护、关心、理解